高等职业教育公共基础课新形态一体化教材

高校心理健康教育教程

主　编　刘爱华　王利华
副主编　曾煜恒　朱占占　胡　健　郭文姣
参　编　徐　彬　欧阳娟　任春梅　段湘华
　　　　谭　玉　刘　婷

机械工业出版社

本书为湖南省精品在线开放课程"大学生心理健康教育"配套教材。全书以"自尊自信、理性平和"为教育宗旨，融入中国本土心理文化，强化课程思政建设。

全书共设置11个单元，包括个体心理健康标准、个体心理危机预防与干预、自我意识建构与评估、人格特征与培育优化、学习与时间管理、情绪表达与调适、探秘校园人际交往、压力解读与挫折应对、婚恋观的形成与发展、健康生活与职业生涯、新时代的数字化公民等11个主题。每个单元分为"心理科普""心理实践与体验""心理老师观点""延伸阅读"等内容，兼顾知识学习、心理活动、心理体验与分享、心理阅读与赏析等内容，以进一步增强教材的教学指导性、可操作性及自主阅读性，扩展教材的本体价值与功能。

本书配有微课视频，读者只需用手机扫一扫书中二维码，就可以直接观看视频。

本书配有电子课件，用书教师可登录机械工业出版社教育服务网 www.cmpedu.com 下载。咨询电话：010-88379375。

本书可作为心理健康教育课程的教材，也可作为大学生和其他读者心理调适的自助读物。

图书在版编目（CIP）数据

高校心理健康教育教程/刘爱华，王利华主编. —北京：机械工业出版社，2022.1
高等职业教育公共基础课新形态一体化教材
ISBN 978-7-111-69723-7

Ⅰ.①高⋯ Ⅱ.①刘⋯ ②王⋯ Ⅲ.①大学生-心理健康-健康教育-高等职业教育-教材 Ⅳ.①G444

中国版本图书馆 CIP 数据核字（2021）第 245101 号

机械工业出版社（北京市百万庄大街22号　邮政编码100037）
策划编辑：杨晓昱　　　　责任编辑：杨晓昱
责任校对：梁　倩　张　薇　　封面设计：马精明
责任印制：常天培
北京机工印刷厂印刷
2022年1月第1版第1次印刷
184mm×260mm·12.5印张·274千字
0 001—1 500 册
标准书号：ISBN 978-7-111-69723-7
定价：42.00元

电话服务　　　　　　　　　网络服务
客服电话：010-88361066　　机　工　官　网：www.cmpbook.com
　　　　　010-88379833　　机　工　官　博：weibo.com/cmp1952
　　　　　010-68326294　　金　书　网：www.golden-book.com
封底无防伪标均为盗版　　　机工教育服务网：www.cmpedu.com

前 言

不断提升心理素质是新时代大学生的迫切需求。大学生心理健康教育课程是高校心理健康教育的主阵地，经历了从选修到必修，从单一理论型课程到"理论+实践"复合型课程的发展历程。由于课程特点、师资队伍、体制机制、个体差异等原因，大学生心理教育课程与教学一直存在专业化过强、实用性不强的缺陷，心理专业型教学或"鸡汤式"教学也时有发生。如何针对高校大学生心理特点，加强人文关怀与心理疏导，激发大学生成长动力，增强对中国本土心理文化的内在认同，铸造大学生自尊自信、理性平和的心理品格，是大学生心理健康教育课程教学改革的重点和难点。

近年来，大数据、人工智能、5G等新一代信息技术的运用与普及在不断改变着教育的格局，知识获取方式和传授方式、教和学的关系都在发生革命性变化在此背景之下，教材也正面临新一轮的改革创新与发展诉求。2020年9月，教育部召开首届全国教材工作会议，提出新时代的教材建设应进一步加强铸魂育人、关键支撑、固本培元、文化交流等功能和作用。如何进一步优化教材的这些功能与作用，成为新时代教材理论研究与实践探索的重大主题。

大学生心理健康教育教材提质培优既需要借助"他山之石"，更需要在中国本土文化资源基础上进行自觉探索与革新改造。结合相关研究基础及多年心理健康教育管理与教学经验，编者主要从以下三个方面优化教材内容。

一是转变了教材心理学科专业化倾向。对照心理健康教育课程教学标准，减少了教材中心理专业学科知识以及病态型案例比例，将原有的教材知识点转换为"心理科普""心理实践与体验"等内容，提升了教材对教学的指导性与可操作性。

二是转变了陈述型知识或结论型经验教材模式。传统教材以结论性经验为主，交互式引导、积极体验与过程性心理疏导比较欠缺。为提升课程教学价值，本教材设置了"心理老师观点"版块，对11个心理健康主题进行了心理发展方法论式的解读与阐释，助力学生"理性启蒙"，并结合大学生具体的学习生活事件，提供了"心理老师手记"心理案例作为学习与实践参考。

三是转变了无主张的心理健康教育倾向。传统教材以西方心理学理论研究与案例为主，缺少对本土心理文化的内在认同。作为一门与社会文化联系紧密的课程，大学生心理健康教育课程教学如果疏离了中国本土心理文化与具体的学习生活情境，就犹如无根之木，无源之水。针对这个问题，本教材进一步强化课程思政建设，以"自尊自信、理性平和"为主线，聚焦中华优秀传统文化、创新意识、科学思维、人文基础等元素，坚持隐性与显性相结合，通过"心理成长笔记""中国心理学家及其观点""影片赏析"等内容将中国本土心理文化融入教材，丰富与扩展了本土心理健康教育素材，主张弘扬新时代主流价值理念，传递中国本土心理文化，探索研究与实践中国本土的心理健康教育学。

教材不仅仅是教师教学的文本，也是对学习者影响最深远的文本，教材的价值指向应该是教材文本逻辑所建构的教育价值空间，这应该成为新时代教材评价与分析的重要指向，这也是本教材意图建构与实施的教材编写理念。编写组恳请所有关心本教材的专家、学者及学习者提出宝贵意见。

刘爱华
2021 年 11 月

微课视频二维码清单

名称	二维码	名称	二维码
1-1 心理健康标准导学		4-1 人格特征与培育优化导学	
1-2 心理与心理素质的涵义		4-2 人格的涵义与构成	
1-3 大学生心理健康课程介绍		4-3 大学生人格偏差与优化	
1-4 心理健康的标准和认识误区		4-4 人格完善的途径与方法	
2-1 个体心理危机预防与干预导学		5-1 学习与时间管理导学	
2-2 如何应对心理危机		5-2 理解大学学习特点	
3-1 自我意识建构与评估导学		5-3 学习困扰与学习动机	
3-2 "我是谁"的解读		6-1 情绪表达与调控导论	
3-3 解读自私、自负与自卑		6-2 情绪的涵义与状态	

（续）

名称	二维码	名称	二维码
6-3 情绪 ABC 理论及不合理信念		9-2 爱情的本质与内涵	
6-4 不良情绪调整与表达		9-3 恋爱困惑或挫折应对	
7-1 探秘校园人际交往导学		10-1 健康生活与职业生涯导学	
7-2 人际交往的内涵		10-2 生命的内涵与价值	
7-3 人际交往的心理效应		10-3 走向丰富的生命	
7-4 如何认识校园人际交往		11-1 新时代的素质化公民导学	
8-1 压力解读与挫折应对导论		11-2 媒介素养的培育与发展	
8-2 压力与挫折的内涵		11-3 如何自我调整对手机的依赖	
9-1 婚恋观的形成与发展导论			

目 录

前言
微课视频二维码清单

第一单元　个体心理健康标准

学习目标　//002
心理科普　//002
  一、心理的本质　//002
  二、心理健康的内涵　//003
  三、心理健康的标准　//004
  四、影响大学生心理健康的因素　//006
心理实践与体验　//007
  一、心理量表　//007
  二、心理实践活动　//011
心理老师观点　//015
  一、关于"心理健康"的认识误区　//015
  二、大学生如何看待自己的心理亚健康状态　//015
  三、心理老师手记　//016
延伸阅读　//017
  一、中国心理学家及其观点　//017
  二、影片赏析　//017
  三、书籍推荐　//018

第二单元　个体心理危机预防与干预

学习目标　//020
心理科普　//020
  一、危机与心理危机的内涵　//020
  二、心理危机的诱因　//021
  三、心理危机的识别　//021
  四、社会心理支持　//022
心理实践与体验　//022
  一、心理测量　//022
  二、心理实践活动　//025

心理老师观点　// 026
　　一、如何应对心理危机　// 026
　　二、你会过于成全他人吗　// 027
　　三、心理老师手记　// 028

延伸阅读　// 030
　　一、中国心理学家及其观点　// 030
　　二、影片赏析　// 030
　　三、书籍推荐　// 031

第三单元　自我意识建构与评估

学习目标　// 034
心理科普　// 034
　　一、自我意识的内涵与价值　// 034
　　二、自我意识的内容与结构　// 035
　　三、大学生自我意识偏差的形成及损害　// 036

心理实践与体验　// 037
　　一、心理测量　// 037
　　二、心理活动实践　// 038

心理老师观点　// 042
　　一、解读自私、自负与自卑　// 042
　　二、"我是谁"的解读　// 043
　　三、心理老师手记　// 044

延伸阅读　// 045
　　一、中国心理学家及其观点　// 045
　　二、影片赏析　// 046
　　三、书籍推荐　// 047

第四单元　人格特征与培育优化

学习目标　// 050
心理科普　// 050
　　一、人格的内涵与构成　// 050
　　二、人格的特点　// 051
　　三、常见人格障碍及其特点　// 052
　　四、大学生的人格偏差　// 053

心理实践与体验 //054
    一、心理测量 //054
    二、心理实践活动 //056

心理老师观点 //059
    一、如何看待人格 //059
    二、如何理解人格的影响因素 //059
    三、心理老师手记 //060

延伸阅读 //061
    一、中国心理学家及其观点 //061
    二、影片赏析 //061
    三、书籍推荐 //062

第五单元　学习与时间管理

学习目标 //064
心理科普 //064
    一、学习的本质与内涵 //064
    二、大学生常见的学习心理问题及成因 //066
    三、大学生学习能力培养 //067

心理实践与体验 //069
    一、心理测量 //069
    二、心理实践活动 //072

心理老师观点 //076
    一、真相与目标之间 //076
    二、颠覆，才能改变根本 //077
    三、心理老师手记 //077

延伸阅读 //078
    一、中国心理学家及其观点 //078
    二、影片赏析 //079
    三、书籍推荐 //080

第六单元　情绪表达与调适

学习目标 //082
心理科普 //082
    一、情绪的内涵与特征 //082
    二、情绪健康 //084

三、大学生常见情绪困扰及自我调控　//085
　　心理实践与体验　//089
　　　　一、心理测量　//089
　　　　二、心理实践活动　//091
　　心理老师观点　//094
　　　　一、如何理解不良情绪　//094
　　　　二、心理老师手记　//095
　　延伸阅读　//096
　　　　一、中国心理学家及其观点　//096
　　　　二、影片赏析　//097
　　　　三、书籍推荐　//098

 ## 第七单元　探秘校园人际交往

　　学习目标　//100
　　心理科普　//100
　　　　一、人际交往的内涵与功能　//100
　　　　二、人际交往的心理效应　//101
　　　　三、大学生人际交往的特点　//103
　　　　四、大学生人际交往能力提升策略　//104
　　心理实践与体验　//105
　　　　一、心理测量　//105
　　　　二、心理实践活动　//109
　　心理老师观点　//112
　　　　一、如何认识人际交往　//112
　　　　二、如何理解人际交往的内涵　//113
　　　　三、心理老师手记　//114
　　延伸阅读　//116
　　　　一、中国心理学家及其观点　//116
　　　　二、影片赏析　//116
　　　　三、书籍推荐　//117

 ## 第八单元　压力解读与挫折应对

　　学习目标　//120
　　心理科普　//120
　　　　一、压力与挫折的内涵　//120

二、压力与挫折的影响因素 // 121
三、大学生压力与挫折的现状及影响 // 122
四、有效应对压力与挫折 // 123

心理实践与体验 // 125
一、心理测量 // 125
二、心理实践活动 // 128

心理老师观点 // 132
一、解读压力与挫折 // 132
二、心理老师手记 // 133

延伸阅读 // 134
一、中国心理学家及其观点 // 134
二、影片赏析 // 135
三、书籍推荐 // 135

第九单元 婚恋观的形成与发展

学习目标 // 138
心理科普 // 138
一、婚姻的本质及内涵 // 138
二、爱情的本质及内涵 // 139
三、校园爱情的特征及具体表现 // 140

心理实践与体验 // 141
一、心理测量 // 141
二、心理实践活动 // 145

心理老师观点 // 148
一、如何理解爱情 // 148
二、如何调适恋爱困扰或挫折 // 148
三、心理老师手记 // 149

延伸阅读 // 150
一、中国心理学家及其观点 // 150
二、影片赏析 // 151
三、书籍推荐 // 151

第十单元 健康生活与职业生涯

学习目标 // 154
心理科普 // 154

一、生命教育的内涵 // 154
二、亚健康生活的主要类型及表现 // 155
三、职业生涯规划 // 156

心理实践与体验 // 158
 一、心理测量 // 158
 二、心理实践活动 // 161

心理老师观点 // 164
 一、如何理解职业生涯 // 164
 二、心理老师手记 // 165

延伸阅读 // 167
 一、中国心理学家及其观点 // 167
 二、影片赏析 // 167
 三、书籍推荐 // 168

第十一单元　新时代的数字化公民

学习目标 // 170
心理科普 // 170
 一、互联网对世界的重塑 // 170
 二、互联网传播的特点及影响 // 171
 三、大学生常见网络心理问题 // 172

心理实践与体验 // 176
 一、心理测量 // 176
 二、心理实践活动 // 178

心理老师观点 // 180
 一、如何理解手机依赖 // 180
 二、心理老师手记 // 181

延伸阅读 // 181
 一、中国心理学家及其观点 // 181
 二、影片赏析 // 184
 三、书籍推荐 // 185

参考文献 // 186

1

第一单元

个体心理健康标准

　　大学之道，在明明德，在亲民，在止于至善。
　　知止而后有定，定而后能静，静而后能安，安而后能虑，虑而后能得。

（选自《大学》）

　　大学的宗旨，在于彰明人们光明的德行，在于教育人们亲爱人民，在于使人们达到至善的目标。知道应该达到的目标，然后才能有确定的志向，有了确定的志向，然后才能心静，心静然后才能神安，神安然后才能周详地思虑，思虑周详然后才能处理得宜。

（选自王文锦《大学中庸译注》）

　　子曰："君子坦荡荡，小人长戚戚。"

（选自《论语·述而》）

　　孔子说："君子心地平坦宽广，小人却经常局促忧愁。"

（选自杨伯峻《论语译注》）

学习目标

1 知识目标
了解心理的内涵
掌握心理健康的内涵及标准

2 素养目标
客观认识心理健康的重要性，树立能动的个体心理健康观
领会现实生活中心理不健康的表现

心理科普

一、心理的本质

什么是心理？千百年来人们围绕这一问题展开了广泛的讨论，形成了唯心主义与唯物主义的心理观。

唯心主义心理观以灵魂说为代表，认为心理是一种神秘的、不可知的、脱离物质的存在，是灵魂和精神的作用，抑或是神灵的领域。我国古代学者陆九渊提出"吾心即是宇宙"；王阳明说"天下无心外之物、无心外之理""身之主宰便是心，心之所发便是意，意之本体便是知，意之所在便是物"；英国哲学家贝克莱认为"存在就是被感知"，这些观点都带有唯心主义的色彩。

唯物主义心理观反对唯心主义心理观的看法，主张心理依托物质而存在，先有物质的身体，才有精神的出现。西方哲学家留基波和德谟克利特提出原子唯物论，认为一切事物都是由不能再分的物质微粒原子组成的，精神也是由原子结合组成的肉体器官。中国古代朴素唯物主义者也认为心理是由物质所生，如荀子"形具而神生"，范缜"神即形也，形即神也。是以形存则神存，形谢则神灭也"，王充"天地合气，万物自生""人之所以聪明智慧者，以含五常之气也"等。

随着自然科学尤其是实验科学的发展，唯物主义心理观对心理本质的理解也在不断变化。辩证唯物主义认为：心理是脑的机能，是对客观现实的主观反映。

（一）心理是脑的机能

在明代，著名医学家李时珍就提出"脑为元神之府"，清代名医王清任也提出"灵机记性不在心在脑"的论断，19世纪俄国生理学家谢切诺夫在《脑的反射》一书中把心理归结为脑的反射活动。随着生理学、医学的不断发展，更多证据表明心理是脑的机能。

从生物进化的角度看，心理是神经系统和大脑发展到高级阶段的产物。单细胞原生动物没有专门的神经系统，只能对外界刺激做出简单反应。低等的多细胞动物开始出现专门的感觉和运动器官。无脊椎动物有了链状或节状神经系统，其头部神经节相对发达，为脑的产生做好了准备。脊椎动物的神经系统更加发达，形成了管状神经和脑，到爬行动物开始出现了大脑皮层，使脑真正成为有机体一切活动的最高调节者和指挥者。脑和神经系统越发达，有机体的心理活动越丰富和高级。脑的相对重量也印证了这一论断，成年人的脑重约占体重的1/50，猩猩为1/225，狗为1/383。

更直接的证据来自外科医学的发现。大脑左半球额下回（也称"布洛卡区"）受损将使人罹患运动型失语症，表现为说话不流利，常常遗漏功能词。颞上回颞中回后部、缘上回以及角回（称为"韦尼克区"）受损将引起听觉性失语症，即不能理解单词，不能重复刚听到的话语。颞叶和枕叶交界处受损将引发失读症，病人看不懂文字材料。此外，裂脑研究（切断连接左右脑的胼胝体）表明脑的左右两半球可能具有不同功能，认知神经科学等学科正在不断揭示更多脑和心理的联系。

（二）心理是对客观现实的主观反映

诚然，心理是脑的机能，但人脑不会提供心理活动的内容，人的心理一定是对客观现实的反映。无论是简单的感知觉，还是思维、情感等高级心理活动，都依托于客观现实。例如，感知觉就是人体对外界环境的冷热、接触物品的形状、眼前景象以及周围声音的感知。人进行思维活动也必然从客观现实获取素材，具体形象思维主要依托来自客观现实的画面和声音；逻辑抽象思维主要依托语言，语言同样是独立存在于客观现实世界的。

此外，心理是对客观现实的主观反映。人对外界的感知必然存在主观成分，如人对温度的感知，往往会加入主观感受，如冷或热。人对声音的感知，会形成嘈杂、安静、悦耳等总体感受。越高级的心理活动，人的主观性越强，文字和话语经过人的主观理解就具有了更丰富的含义。人通过对接收到的信息进行处理，形成不断更新的世界观和价值观。

二、心理健康的内涵

（一）心理与心理素质

人的一切活动都与心理现象的存在和变化密不可分。在心理学家看来，心理现象包括心理过程和个性心理两个方面。

心理过程分为认知过程、情绪情感过程和意志过程。认知过程就是个体接受、储存、加工和理解各种信息的过程，它包括感觉、知觉、记忆、思维和想象。情绪情感过程是认知过程中因需要是否满足而产生的态度体验，有的时候是消极的、否定的，有的时候是积极的、愉快的。意志过程是人们为了实现目的，根据目的支配调节自己的行为，克服困难的过程。

认知、情绪情感和意志三种心理过程是人类共有的，但每个人在反映客观现实时表现出不同的行为特点和应对方式，从而构成人与人之间的差异，即个性心理。个性心理主要体现在两个方面：个性倾向性和个性心理特征。个性倾向性是个体的意识倾向以及对客观事物的稳定态度，包括需要、动机、兴趣、理想、信念和世界观。个性心理特征是个体稳定的心理特点，是个性倾向性稳固化和概括化的结果，包括能力、气质和性格。

心理素质是人的心理过程和个性心理所体现的心理品质的总和，也是智力因素和非智力因素所体现的品质的总和。

（二）心理健康的含义

对心理健康的理解，一直存在多种认识。第三届国际卫生大会（1946年）认定，"所谓心理健康，是指在身体、智能及情感上与他人的心理健康不相矛盾的范围内，将个人的心境发展成最佳状态。"《简明不列颠百科全书》中指出，"心理健康是指个体心理在本身及环境条件许可范围内所能达到的最佳功能状态，而不是指十全十美的绝对状态。"日本学者松田岩男则认为，"所谓心理健康，是指人对内部环境具有安定感，对外部环境能以社会认可的形式适应的一种心理状态。"我国学者林崇德认为，心理健康包括两个方面的含义，其一是没有心理疾病；其二是具有一种积极向上发展的心理状态。学者刘艳认为，心理健康是"个体内部协调与外部适应相统一的良好状态"。

在本书中，我们将心理健康定义为心理素质的健康发展，即个性特征趋于完善，能适应当前环境，认知、情绪和意志处于积极状态，并且能自行调控，以充分发展自己的潜能。在一定意义上，心理健康是一种持续的、能动的心理状态。

三、心理健康的标准

心理素质的健康发展对每个人的成长和发展具有重大影响，那么，人的心理怎样才算是健康呢？关于心理健康的标准，有多种观点。例如，有学者从中国传统文化角度，提出心理健康应包括：①具有良好的人际关系；②适当约束自己的言行；③保持情绪的平衡与稳定；④正确认识周围环境；⑤抱有积极的生活态度。有人从人的心理过程和个性心理的角度，提出心理健康应该包括知、情、意、个性四方面标准，即比较正确的认知、良好的情绪情感、坚强的意志品质、健康的个性心理。有人提出，心理健康是指各类心理活动正常、关系协调、内容与现实一致和人格处在相对稳定的状态。此外，还存在心理健康的"三标准""十标准"等。

参照心理健康的各类观点，结合当下我国大学生身心发展的实际情况，可以将大学生心理健康的标准概括为以下几点：

（一）智力正常

根据个体智力测验，智力正常的标准为智力商数70分以上。大学生一般经历高考录取入学,智力基本在中等水平以上。正常的智力是大学生最基本的心理条件,在此基础上,应积极主动涵养积极进取的求学之心。心理健康的大学生应该处于朝气蓬勃的状态,富有求知欲和好奇心,对自己的大学生活及今后的人生有所规划与要求;在参与学习、社团、社会实践、实习等活动时心态积极,渴望表现自己良好的一面;在学习与实践有所收获时感到欣喜,并受到鼓舞;能克服学习中的困难,学习成绩稳定,能保持一定的学习效率,从学习中能体验到满足与快乐。

(二)社会适应良好

能客观认识、评价环境,并能面对与接受现实,既怀有高于现实的理想和愿望,又不沉湎于不切实际的幻想和奢望。在环境不利时,既不逃避,也不怨天尤人或自暴自弃,而是通过自己的努力主动适应环境,积极改造环境。当个人行为偏离了社会规范或习俗时,能及时纠正,使之与社会要求趋向一致。心理健康的大学生能保持积极主动的人际交往态度,在尊重、互利、平等的原则上处理好亲子关系、同学关系、师生关系及其他关系,能客观了解他人,关心他人的要求,既能对其进行诚心的赞美,也能对其进行善意的批评,在保持自身人格的完整性时,能积极主动地进行沟通。

(三)情绪情感积极稳定

在生活中,人总是会遇到各种事情,情绪难免受到影响。心理健康的人能对自己的情绪进行识别、表达或调节,既能趋向于合理地表达情绪,又能察觉到自己正在被负面情绪所影响,并能够努力摆脱负面情绪,懂得利用正面情绪来改善情绪状态。积极的情绪应该多于消极的情绪,主导的心境应是平和、乐观、愉悦的。有足够的自制力与意志力,能控制自己的行为,为实现目标而采取行动,停止或减少无益行为,不做出伤害他人和自己的行为。与此同时,心理健康的大学生有较强烈的社会责任感和集体荣誉感,对人真诚友好,能够探索和追求真理,欣赏并向往美好事物,在学习和生活中积极创造美。

(四)自我意识良好,个性完整统一

客观的自我意识是大学生心理健康的重要条件,是大学生良好人格的重要体现。心理健康的大学生有着相对客观的自我评价,能够客观地认识自己、了解自己、接纳自己,既不做自己力所不能及的事情,也不会放弃发展自己的好机会,能根据自己的认识和评价来调控自己的行为,使自己与环境保持平衡。心理健康的大学生有着积极向上的人生观、价值观和世界观,有理想、抱负与信念,既能主动将自身的发展融入当下社会的大发展之中,又能主动把需要、动机、态度、理想、目标与行为有机统一起来,做到态度与行为相一致,既不为眼前利益而放弃远大目标,也不为私欲而背弃初心,将理想之我与现实之我有机地统一起来。

（五）意志健全、行为协调

意志健全主要表现在意志品质上。对于心理健康的大学生来说，意志的自觉性、果断性、坚持性和自制性都将持续获得协调的发展，具体表现为学习、生活目的明确，并能根据现实需要调整行动与目标；既能独立思考，不盲目服从，又能尊重和听取他人的意见；能够专注于学习或其他活动，勇于克服各种困难，且能果断地做出决定并执行决定；在长期的学习生活中，能为实现相应目标自觉约束自己，抑制自己不合理的欲望，主动抵抗诱惑。行为协调主要体现在行动的计划性、一贯性、统一性以及言谈的逻辑性等方面。

（六）无心因性生理异常现象

个体发展具有阶段性，生命发展的不同阶段均有相应的心理行为表现。大学生是处于特定年龄阶段的社会群体，其认识、情感、言行和举止应符合年龄、角色特征，其一般心理特点应该与其所属年龄阶段的人的共同心理特征相对一致，与其性别以及在不同环境所扮演的角色相符合。大学期间，大学生应该充满青春活力，朝气蓬勃，积极向上，勤学好问，探索创新，过于老成、幼稚或依赖都是心理不健康的表现。

另外，健康的生理是健康心理的基础，心理健康的大学生还应该没有诸如头痛、失眠、注意力不集中、强迫行为等心因性生理异常现象。

四、影响大学生心理健康的因素

大学时期是人生发展的过渡时期，是健全人格形成的关键时期，也是个体心理趋于成熟的重要时期。在这一特殊时期，大学生心理发展受到许多因素影响，主要分为个体内在因素和外在环境因素。

（一）个体内在因素

一方面是个体生理状况。个体生理因素包括遗传因素、躯体健康及内分泌系统等。遗传是生物界共有的普遍现象，个体的体型、气质、神经系统的活动特点及能力等某些成分直接受到遗传因素的影响。身体健康状况也会影响个体心理健康，如果个体患有躯体疾病，将会使其烦恼，敏感多疑，行为控制力下降，特别是患有慢性病或无法治愈的病患，更容易使个体产生严重的心理障碍。另外，在内分泌系统中，躯体腺体活动失调会影响人的心理活动，青春期性发育也是影响个体心理健康的不可忽视的因素。

另一方面是个体心理特点，主要包括人格因素和心理素质水平。如果个体人格结构不健全，会导致其社会适应能力低，心理健康水平低，当其遇到外部应激事件时，就容易产生心理问题。而心理素质脆弱且缺乏自制力与挫折承受力的人也容易产生心理问题。大学生容易放大自我的成长与成就，夸大自己的长处，进而滋生骄傲的心态。同时，容易过分强调自我认识，形成唯我意识，导致思想偏激。遇事容易冲动，情绪起伏大，对一些人和事过分在意，看问题存在理想色彩。这种自我意识上的特点，一方面使大学生充满朝气，待人真诚，富有热情；另一方面也容易使大学生陷入迷茫、困惑、观念冲突与自我怀疑当中，当理想与现实发生矛盾，或遭遇挫折、欺骗和打击时，更容易对心理健康造成损害。

（二）外在环境因素

首先是社会因素。在社会经济制度的巨大变革、多元文化价值观念的冲击、社会的竞争加剧、知识与技术更迭出新的背景下，个体如果不能做出相应调整，就有可能产生心理问题。进入大学后，社会与家庭都对大学生提出了更高更新的要求，在高期望的同时，大学生既对社会缺乏更深入的了解，又觉得缺少社会支撑，自然会感到压抑、苦闷与茫然。

其次是家庭因素。家庭是个体人生的奠基之石，家庭氛围、父母的教养态度、家庭结构及经济状况都对个体产生着持续而重大的影响。家庭氛围是良好心理素质形成的前提，家庭成员间的语言及人际氛围，直接影响每个家庭成员的心理，对个性正处于逐渐成熟阶段的大学生更具有特别的意义。父母的教育方式直接影响个体的行为和心理，成为大学生当下心理与行为特点的起点。家庭结构的变化，如单亲家庭、重组家庭等因素，必然会对大学生的心理产生一定的影响，家庭经济困难的大学也易产生心理不适感。

再次是学校因素。在大学期间，人际关系、学习与就业对大学生心理健康的影响是直接而深刻的。大学是集体生活，有的大学生初次离开家庭，缺乏人际交往经验与技巧，有的大学生以自我为中心，既不了解自己，也不愿意了解他人，都容易造成校园人际摩擦，并导致大学生对人际沟通的认识偏差，长此以往，将导致大学生心理封闭，在寻求友谊的过程中表现出对他人的苛求性、交往的被动性，进而在人生观方面流露出消极性，比如认为人是自私和虚伪的。与此同时，大学生学习任务繁重，同学之间的竞争、考试压力广泛存在，而有的大学生缺乏自制力，且急于求成，在超过一定限度的情况下就产生了较为严重的心理负担，影响了心理的健康发展。另外，恋爱与就业等因素也会对大学生心理健康产生重大影响。

心理实践与体验

一、心理量表

（一）大学生人格问卷

大学生人格问卷主要以大学新生为对象，入学时作为精神卫生状况实态调查而使用。

问卷分为三个部分。第一部分为学生的基本情况,包括姓名、性别、年龄、家庭情况、入学动机等;第二部分为问卷本身,由60个项目构成,分别反映学生的苦恼、焦虑、矛盾等症状项目;第三部分是附加题,主要了解被测者对自身心理健康状态的总体评价以及是否接受过心理咨询的治疗,有什么咨询要求。

问卷共60道选择题。总分最高为56分,最低为0分。大学生问卷的筛选规则根据研究需要和使用者的具体情况而定。

目前,绝大多数高校采用大学生问卷作为心理筛查的主要工具,因此本书在此不列出问卷内容。

(二) 90项症状清单

90项症状清单编制于1975年,又称症状自评量表。量表共有90个项目,包含有较广泛的精神症状学内容,从感觉、情感、思维、意识、行为到生活习惯、人际关系、饮食睡眠等均有涉及,并采用10个因子分别反映躯体化、强迫症状、人际关系敏感、抑郁、焦虑、敌对、恐怖、偏执、精神病性以及其他方面的心理症状情况。在精神科和心理咨询门诊中,90项症状清单被作为了解就诊者或咨询者心理卫生问题的一种评定工具。

90项症状清单(见表1-1)在国外应用广泛,20世纪80年代引入我国并得到广泛应用。根据测验计分规则得出的结论,说明受测试者可能患有心理疾病。如果要做出心理疾病的诊断,必须进行面谈并参照相应疾病的诊断标准。

表1-1列出了有些人可能会有的问题,请仔细阅读每一条,然后根据最近一周来自己的实际体会,选择最符合自己的一种情况,填在相应题号的评分栏中。其中"没有"指自觉并无该症状或问题,记1分;"较轻"指自觉有该项症状,但对自己无实际影响或影响轻微,记2分;"中度"指自觉有该症状,对自己有一定的影响,记3分;"较重"指自觉常有该项症状,对自己有相当程度的影响,记4分;"严重"指自觉该症状的频度和强度都十分严重,对自己的影响严重,记5分。

表1-1 90项症状清单

序号	项目	没有	较轻	中度	较重	严重	评分
1	头痛						
2	神经过敏						
3	头脑中有不必要的想法或字句盘旋						
4	头昏或昏倒						
5	对异性的兴趣减退						
6	对旁人责备求全						

（续）

序号	项目	没有	较轻	中度	较重	严重	评分
7	感到别人能控制你的思想						
8	责怪别人制造麻烦						
9	忘记性大						
10	担心自己的衣饰整齐及仪态的端正						
11	容易烦恼和激动						
12	胸痛						
13	害怕空旷的场所或街道						
14	感到自己的精力下降，活动减慢						
15	想结束自己的生命						
16	听到别人听不到的声音						
17	发抖						
18	感到大多数人都不可信任						
19	胃口不好						
20	容易哭泣						
21	同异性相处时感到害羞不自在						
22	感到受骗、中了圈套或有人想抓住你						
23	无缘无故地突然感到害怕						
24	自己不能控制地大发脾气						
25	害怕单独出门						
26	经常责怪自己						
27	腰痛						
28	感到难以完成任务						
29	感到孤独						
30	感到苦闷						
31	过分担忧						
32	对事物不感兴趣						
33	感到害怕						
34	你的感情容易受到伤害						
35	别人能知道你的想法						
36	感到别人不理解你、不同情你						
37	感到人们对你不友好、不喜欢你						
38	做事必须做得很慢，以保证做得正确						

(续)

序号	项目	没有	较轻	中度	较重	严重	评分
39	心跳得很厉害						
40	恶心或胃部不舒服						
41	感到比不上他人						
42	肌肉酸痛						
43	感到有人在监视你、谈论你						
44	难以入睡						
45	做事必须反复检查						
46	难以做出决定						
47	怕乘公共汽车、地铁或火车						
48	呼吸有困难						
49	一阵阵发冷或发热						
50	感到害怕而避开某些东西、场合或活动						
51	脑子变空了						
52	身体发麻或刺痛						
53	喉咙有梗塞感						
54	感到没有前途没有希望						
55	不能集中注意						
56	感到身体的某一部分软弱无力						
57	感到紧张或容易紧张						
58	感到手或脚发重						
59	想到死亡的事						
60	吃得太多						
61	当别人看着你或谈论你时感到不自在						
62	有一些不属于你自己的想法						
63	有想打人或伤害他人的冲动						
64	醒得太早						
65	必须反复洗手、点数目或触摸某些东西						
66	睡得不稳不深						
67	有想摔坏或破坏东西的冲动						
68	有一些别人没有的想法或念头						
69	感到对别人神经过敏						
70	在商店或电影院等人多的地方感到不自在						

(续)

序号	项目	没有	较轻	中度	较重	严重	评分
71	感到任何事情都很困难						
72	一阵阵恐惧或惊恐						
73	感到在公共场合吃东西很不舒服						
74	常与人争论						
75	独自一人时神经很紧张						
76	认为别人对你的成绩没有做出恰当的评价						
77	即使和别人在一起也感到孤单						
78	感到坐立不安,心神不定						
79	感到自己没有什么价值						
80	感到熟悉的东西变成陌生或不像是真的						
81	大叫或摔东西						
82	害怕会在公共场合昏倒						
83	感到别人想占你的便宜						
84	为一些有关性的想法而苦恼						
85	你认为应该因为自己的过错而受到惩罚						
86	感到要赶快把事情做完						
87	感到自己的身体有严重问题						
88	从未感到和其他人很亲近						
89	感到自己有罪						
90	感到自己的脑子有毛病						

二、心理实践活动

(一) 我国高校心理健康教育工作简介

我国高校心理健康教育工作起源于高校大学生自杀预防与干预,经过多年的发展实现了阶段性跨越,在高校德育工作体系中发挥了独特的心理教育与教育管理价值。到目前为止,各高校普遍建立了专业的心理健康教育与咨询组织或机构,功能日渐独立分化,且均已构建专职教师队伍和兼职骨干力量,并对专门的心理健康教育与咨询工作提供专项经费,对业务培训、工作督导、经验交流给予有力支持。

从整体而言,心理普查与心理危机干预、心理个案接待与咨询、525 心理健康节系列活动、心理健康教育课程教学是我国高校心理健康教育机构的四项基本任务,大部分高校围绕这四项基本任务在师资建设、教育形式、机制建设等方面不断探索改革与实践,并取得了一定成效。

各类高校心理健康教育中心采取预约的方式,免费为学生提供专业心理咨询服务或成长辅导。各高校心理健康教育中心均拥有独立的场地,设立了预约等候室、个体咨询室、心理测评室、心理宣泄室、沙盘游戏室、音乐放松室、团体辅导室等功能室,并配备人格、能力、心理健康水平等各类心理测试系统以及图书资料,部分高校还在二级学院或教学系部成立了心理成长辅导室。

(二)"525"大学生心理健康日

2000 年,由北京师范大学心理系团总支、学生会倡议,十多所高校响应,并经北京市共青团、北京市学生联合会批准,确定每年的 5 月 25 日为北京大学生心理健康日。随后,"525——大学生心理健康日"在全国的高校得到了认同,各高校都利用这一天或五月开展多种形式的心理健康教育活动。

中国共青团中央(简称"团中央")、中华全国学生联合会(简称"全国学联")随即向中国大中学生发出倡议,把每年的 5 月 25 日确定为"全国大中学生心理健康日",由团中央学校部、全国学联主办的中国大中学生心理健康网也正式开通,积极倡议各地学校通过校园网络、校刊、板报、宣传栏、海报等方式介绍相关知识,或组织专家讲座、心理测试、心理健康论坛等教育活动。如今,"5·25"已经发展成为一个全国性的大学生关注自我成长、关注心灵健康的节日。

525 大学生心理健康日的诠释如下:"5·25"是"我爱我"的谐音,发起人的解释是:爱自己才能更好地爱他人。因为只有认识自我、接纳自我,才能乐观自信,体验到自己存在的价值,才能用尊重、信任、友爱、宽容的态度与人相处,能分享、接受、给予爱和友谊,能与他人同心协力。选择"5·25"是为了让大学生便于记忆,更加关注自己的心理健康。

(三)团体辅导方案:我们在一起

来到新的环境,每个人都渴望被他人接受、尊重和欣赏。团体成员越是心情愉快,精神振奋,认知与情感交流越深入,凝聚力就越强,对个人的环境适应行为也就越有帮助。团体具有改变个体行为的力量,能促进团体成员的成长,增强其环境适应能力。大学生入学后,远离家庭和朋友,心中的孤独和失落,未来生活的不确定性易让他们心理缺失,并引发焦虑和放任行为,进行及时的正确引导和排解,有助于新生尽快建立新环境下的爱与归属感,增强环境适应能力。

团体目标：消除新生陌生感、孤独感，增强归属感，帮助新生尽快适应新环境。

团体性质：成长性、同质性。

领导者要求：初步掌握社会心理学、发展心理学、心理咨询的主要理论，并具备一定的团体辅导技能的新生辅导员、新生班导师、高年级朋辈辅导员。

时间：120 分钟。

场地：户外或团体心理咨询功能室。

活动环节参考：见表 1-2。

表1-2 "我们在一起"团体心理辅导活动环节

活动环节	活动流程	所需时间
暖场：刮大风	1. 要求成员关掉通信工具，寄存随身物品，轻便着装，组织成员围成一圈 2. 领导者自我介绍，欢迎成员参加团体，介绍团体规则 3. 领导者针对大学生活做小型演说 4. 领导者说他将会指出一个特征，具有这个特征的人必须马上起立，摆大字造型。如：大风吹，吹吹红色衣服的人。那么所有穿红衣服的人必须起立摆大字造型 5. 没有按照指令做出反应的人，将受到惩罚	15 分钟
滚雪球	1. 分成两小组自我介绍，自我介绍必须加上前一个人的自我介绍信息，如：我是来自＊＊的＊＊专业的＊＊＊旁边的来自＊＊的＊＊专业的＊＊ 2. 两个小组各指派 1 名成员介绍所有成员的情况	20 分钟
微笑握手	领导者说明，为了消除彼此的陌生感，要求成员依次握手，并且对对方说："你好，很高兴认识你，我觉得你是一个＊＊＊样的人。"	15 分钟
优点轰炸	1. 分成两个小组 2. 成员依次坐在圆圈中，其他成员依次对其进行赞美，赞美要真诚、客观、具体 3. 引导成员分享感受，重新认识自己与他人的优点	25 分钟
突破重围	1. 成员手拉手组成包围圈，一名成员站在圈外要努力冲进包围圈。"包围圈"要力求坚固，避免被对方突围。圈外的成员可以采取各种方式力求突围成功 2. 领导者引导成员进行简单交流与分享	10 分钟
我的大学生活	1. 请每位同学闭眼冥想"我的大学生活"3 分钟 2. 冥想完毕，领导者让每名成员在小组内简单陈述自己的感受及对今后学习生活的计划 3. 选定 2~3 名目标最明确或目标最特别的成员，让他们进行介绍，与全体成员分享	25 分钟
总结	1. 领导者对团体活动做小型总结性演讲 2. 领导者要求所有成员选定一首歌曲 3. 所有成员齐唱歌曲，并合影留念，结束团体活动	10 分钟

（四）心理成长笔记

请仔细阅读以下两则材料，结合具体的学习生活及个人观念，就如何主动学习心理健康知识、增强自我心理日常保健意识的价值和作用进行分组讨论，并提出自己的观点（100字以上）。

材料1：

2020年9月17日下午，习近平总书记来到湖南大学岳麓书院考察调研。面对热情洋溢的青年学子，习近平说："见到你们很高兴，让我想起岳麓书院的两句话：'惟楚有材，于斯为盛'。真是人才济济啊！"新时代是一个英雄辈出的时代，青年人正逢其时。习近平总书记希望同学们不负青春、不负韶华、不负时代，珍惜时光好好学习，掌握知识本领，树立正确的世界观、人生观、价值观，系好自己人生的第一粒扣子，走好人生道路，为实现中华民族伟大复兴贡献聪明才智。

材料2：

由于整个社会对大学生自杀问题的高度关注，而自杀者的心理健康问题与自杀行为有紧密的关系，这导致了很多人认为心理健康教育工作就是预防自杀行为的发生。

常见的错误认识有以下两种。

一是只要是大学生自杀等极端行为，都与心理健康教育工作有关，"谈虎而色变"，产生不必要的恐慌心理。

二是心理健康教育工作只要做好了自杀预防工作就可以了，忽视心理健康教育的其他功能，而且使教育工作行政化。

实际上，心理健康教育工作的内容非常广泛，途径非常丰富，整个教育过程重点是促进个体的成长发展，核心是提高人的心理素质，最高目标是开发潜能，达到自我实现。

你的心理观点（100字以上）：

心理老师观点

一、关于"心理健康"的认识误区

我们该怎样理解"心理健康"呢？首先要破除两个常见的认识误区。

第一个误区，"心理不健康"就是"精神有问题"。如果以"白"代表健康，以"黑"代表精神类疾病的话，我们大多数人是处于"灰白"地带。这是因为我们的心理状态有的时候趋向于"纯白"，有的时候趋向于"灰黑"，心理健康与不健康是一种连续的状态，大多数人处于中间地带，没有一个人的心灵可以时刻一尘不染，我们的心理需要的是日常的自我防护与保健，从而让自己的心理处于一个相对平衡的状态。我们不需要谈心理而色变，而是要意识到，一个人如果不注重日常心理保健，使自己的心理长期处于亚健康状态，则患精神类病症的比率将大幅度提升。

第二个误区，"心理咨询"专治"精神分裂症"。心理咨询是心理学专业人员采用心理咨询技术，给来访者解决心理问题的过程。心理咨询主要以交谈的方式进行，辅以一些专用的设备，如沙盘、宣泄设备、音乐设备、催眠设备等。在这个过程中，注重授人以"渔"。在对精神类疾病患者的治疗过程中，心理治疗主要以药物以及其他医疗方法为主，"心理咨询"只能作为一种辅助的手段，更多的是需要药物来治疗。

在校园里，"心理咨询"将帮助学生解决学习生活中的心理困扰，释放情绪，调解压力，增强自信。目前，所有的高校都建成了心理咨询与教育机构，并配备了专职的心理教师，能为学生提供免费的心理咨询服务。

（心理老师 刘爱华）

二、大学生如何看待自己的心理亚健康状态

高校心理健康教育课程主要围绕大学生日常生活中常见的主题而展开，包括环境适应、情绪管理、自我意识、学习心理、恋爱与性、生命教育等主题。在开始学习具体的主题之前，针对大学生成长期间的心理亚健康状态，有三个观点是可以贯穿始终的。

第一，某个同学具备的问题并不是专属于个体的问题，而是当代大学生普遍面临的问题，这种问题具有普遍性，因此不必为此过于自责；第二，所有的心理问题只是青年成长过程中的问题，因此要以发展的眼光看待这个问题，即问题是可以通过相应的途径得以解决的。第三，个体心理既受到遗传、社会环境的影响，如父母、成长环境，也受到教育因素、人的内在需要与主观努力的影响，如所选择的教育、个体内在的目标与需要，所以心理体系是可以不断完善的，或是可以发生改变的。

理解了这三点，在学习心理健康教育这门课程时，就不会给自己造成不必要的心理负担，而是可以面对问题，解决问题，让自己不断完善。

（心理老师 刘爱华）

三、心理老师手记

我可以嫉妒吗？

心理求助

老师，你好！我进入学校已经快两个月了，到了一个新的环境，我觉得很不适应，也为自己一些不当的想法而感到羞愧。我从小学到高中一直担任班级文娱委员，各方面素质也还很不错，没有想到，班上有几个女生比我的条件更好，几次活动我都以为自己可以参加，但是没能竞争过她们，我有些不开心，甚至有一些嫉妒她们，觉得她们也有些有意疏远我。也许我这样想是不应该的，请问老师，我该怎么调整我的嫉妒心理呢？

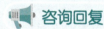

借用我国著名心理学家李子勋的一句话：人是一种喜欢比较的生物，狗不会因为谁跑得更快而沮丧，狐狸也不会因为谁更狡猾而悲伤。大千世界，动物会主动选择一种补偿机制，跑得不快的狗也许更懂得机会，不那么狡猾的狐狸也许更为凶猛。但是作为万物之灵，人知道什么是好，却不知道自己有什么好，嫉妒心就这样产生了。

事实上，嫉妒心人皆有之，它是一种很自然的心理现象，嫉妒心本身没有任何问题，关键是我们如何处理与应对。

一是要避免对他人产生嫉妒。除了喜欢以自己的短比他人的长这个习惯性思维在作祟外，是否容易产生嫉妒心理与支撑一个人内在能量的客观来源是否单一有关。如果一个人的愉快来源比较单一，比如他只想做一个出色的学生干部，但他的朋友偏偏比他做得好，那么，这个唯一带来自我认同的来源就会丧失，嫉妒心理就产生了。从成长的角度而言，人生的发展方向应该是发散的，即使在这个方面不够突出，但还是能在其他领域获得想要的成功与荣耀，这是作为年轻人应该具备的长远视野。

二是要应对他人对自己的嫉妒。作为独立的个体，我们没有能力完全杜绝来自他人的嫉妒，但可以从两个方面来积极应对。一是理解他人嫉妒心的心理根源，接纳每个人都有成功的愿望，以宽容与智慧与他人实现双赢；二是尊重他人的长处，真诚接纳与认可他人的成功，尊重他人的展示欲望，避免嫉妒缠身。

（心理老师 刘爱华）

延伸阅读

一、中国心理学家及其观点

据文献记载，2500多年以前，东周时代的伟大思想家孔子已经有了一些关于发展心理学的论述，他是中国历史上首位以发展的观点来分析心理现象的人。他提出，人的心理随年龄而发展，表现为少、壮、老三个阶段。到70岁以后，他在回顾自己一生的基础上，将人的心理分为六个发展阶段，也就是我们所熟知的"吾十有五而志于学，三十而立，四十而不惑，五十而知天命，六十而耳顺，七十而从心所欲，不逾矩。"（《论语·为政》）。

孔子以"性"和"习"来阐述人的发展，他认为"性"表示先天或遗传，"习"表示个体的实践，他强调个体的实践对心理发展的作用，人们"性相近"，但"习相远"，从中我们可以领悟到个体具体实践对心理发展与完善的积极价值。荀子则区分了"性"和"伪"，他认为"性"主要指人的先天认识能力，即先天的禀赋，"伪"指的是个体人生际遇，即"人为"的成分，荀子认为正是由于"伪"对心理发展的重大作用，赋予了后天的教育更大的价值与意义。

二、影片赏析

1. 中国影片：《中国合伙人》

《中国合伙人》是由中国电影股份有限公司、我们制作有限公司联合出品的商业励志片，由中国香港导演陈可辛执导，黄晓明、邓超、佟大为主演。该片于2013年5月在中国上映。

该片讲述了从20世纪80年代到21世纪，"土鳖"成东青、"海龟"孟晓骏和"愤青"王阳三个年轻人从学生时代相遇、相识，共同创办英语培训学校，最终实现"中国式梦想"的故事。

2. 外国影片：《阿甘正传》

《阿甘正传》是由罗伯特·泽米吉斯执导的电影，由汤姆·汉克斯、罗宾·怀特等人主演，于1994年7月在美国上映。电影改编自美国作家温斯顿·格卢姆于1986年出版的同名小说，描绘了先天智障的小镇男孩福瑞斯特·甘自强不息，最终得到上天眷顾，在多个领域创造奇迹的励志故事。电影上映后，于 1995 年获得第 67 届奥斯卡金像奖最佳影片奖、最佳男主角奖、最佳导演奖等 6 项大奖。

三、书籍推荐

《教养的关系花园》（毕淑敏著）

毕淑敏，国家一级作家、心理咨询师、主治医师，北京作家协会副主席。本书系毕淑敏《四弦散谈》系列书的"教养"篇。这本书是教育和教养有关的文章集，因此称为"教养的花园"。每篇文章都是既短小又真实的故事，作者以心理咨询师的身份生动而深刻地向我们阐述了教养对人的影响，以及她对养育的看法。全书认为，每个个体都是来自社会最小的细胞——家庭，家庭赋予个体的点滴会持续不断地在一个人的生命过程中渗透出来。而如何成为一个有教养的人、一个自律的人，不仅关乎个体发展，更关乎整个社会的进步。磨砺自己拥有一颗不卑不亢、敢爱敢恨的心，养成一种真诚坦然、坚韧上进的品质，便是教养形成的证据。

> **小贴士**
>
> **关于催眠**
>
> 什么是催眠？催眠是对特殊刺激产生的心理状态的改变。说到催眠，你可能想到的是水晶球、怀表，在一些影视作品中，人被催眠后，会失去主动意识，且会吐露内心的秘密，甚至是知晓过去和未来。事实上，催眠并没有那么神奇和神秘，它广泛出现在我们的生活之中。比如，当你被广告所吸引、购买推销的产品或沉浸在一段美妙的音乐之中，或者发呆、阅读时，这些时候都有可能进入催眠状态。

2

第二单元

个体心理危机预防与干预

志不求易者成,事不避难者进。

选自《后汉书·虞诩传》

好学近乎知,力行近乎仁,知耻近乎勇。知斯三者,则知所以修身;知所以修身,则知所以治人;知所以治人,则知所以治天下国家矣。

(选自《中庸》)

爱好学习就接近智了,努力行善就接近仁了,知道羞耻就接近勇了。知道这三项的人,就知道怎样修身了;知道怎样修身,就知道怎样治理别人了;知道怎样治理别人,就知道怎样治理天下国家了。

(选自王文锦《大学中庸译注》)

敢问夫子恶乎长?曰:我知言,我善养吾浩然之气。

(选自《孟子·公孙丑章句上》)

请问老师长于哪一方面?孟子说:"我善于分析别人的言辞,也善于培养我的浩然之气。"

(选自杨伯峻《孟子译注》)

学习目标

1 知识目标
熟悉心理危机的来源
理解社会心理支持系统
识别典型异常心理

2 素养目标
理解心理危机防护与干预的价值
形成心理自助和互助观念
掌握心理自助与互助的基本行动策略

心理科普

一、危机与心理危机的内涵

危机有两个含义：一是指突发事件，例如地震、水灾、空难、疫情、恐怖袭击、战争、车祸等，二是指人们面临的紧急状态，即遇到重大问题或变化，且这一问题和变化使个体的心理平衡被打破，正常生活受到干扰，内心紧张感不断积压，从而出现无所适从甚至思维和行为紊乱的现象。

心理危机就是心理状态的严重失调，是个体面临困境又无法处理时的心理状态。在日常生活中，每个个体都有着相对稳定的应对方式和支持系统。但是，当个体面临困难情境，导致其惯常的方式无法处理或应对时，意识、行为和情感方面就会出现功能失调，产生不平衡的心理状态或心理反应。进一步而言，心理危机不仅是指心理状态严重失调，心理矛盾冲突难以解决，还可以指精神面临崩溃或精神失常，产生了心理障碍。当一个人出现心理危机时，当时有可能察觉，也有可能根本没有察觉。

一般而言，心理危机的发生发展可以分为四个阶段：第一阶段为事件发生之后，个体应激水平上升，并影响到日常工作、学习与生活，常用的应对机制开始启动，以应对应激所导致的焦虑和不适，恢复心理平衡；第二阶段，由于以往的应对机制不能缓解心理危机，导致生理与心理等紧张表现加重并恶化，个体社会适应功能明显受损或减退；第三阶段，各方面症状进一步加重，促使个体采取尽可能的方式来减轻情绪困扰，包括寻求社会心理危机干预；第四阶段，个体由于缺乏社会支持或使用了不恰当的心理防御机制，使得问题长期存在，严重者可能出现明显的人格障碍、行为退缩、自杀行为或患精神疾病。

大学生处在走向成熟的过渡阶段，生理方面已逐渐具备了成人的特征，但社会阅历和经验相对不足，处理问题的社会经验和能力更是有限，这种反差的存在，使得心理危机在他们身上十分容易出现乃至爆发。

同时，心理危机具有双重性，一方面可能造成危险，导致个体心理出现危机，一方面也是一种机遇，促使个体学会新的应对技能，促进心理的进一步发展和成熟。

二、心理危机的诱因

心理危机的诱发类型很多，表现方式不一。按照心理危机来源的特性可以分为以下几种。

一是发展性危机。指个体在日常生活中出现的变化和选择冲突所引起的不良反应，如升学、就业、工作的变化等都会诱发发展性危机。

二是境遇性危机。这种危机是个体无法预测和控制的，是罕见的、突然发生的事件所导致的危机，如意外事故、自然灾害和重要他人死亡等。

三是存在性危机。存在性危机是一种压倒性的、持续性的体验，可能是现在的实际情况引起的，也可能是对自己过去不满所引起的。

四是病理心理危机。在这种危机中，病理心理是主要特征。某些心理障碍、心理疾病或精神疾病本身可能就是一种心理危机，如抑郁、焦虑、精神分裂症等。也有些失调的行为会引发危机，如品行障碍或违法犯罪。

针对大学生的具体生活与学习事件，心理危机的诱因主要来自以下几个方面：重大经济损失、重大躯体疾病、恋爱关系破裂、重大考试失败、亲人死亡或生病等。

三、心理危机的识别

大学生心理危机的表现可分为情绪、认知、行为、躯体四个方面。

1. 情绪方面

良好的情绪是心理健康的重要标准之一，不良的情绪体验是心理问题的表征，异常情绪所造成的负面影响则是导致心理危机的主要因素。

2. 认知方面

危机事件中的大学生，难以集中注意力学习；极为敏感和多疑，形成疑病倾向，甚至丧失对人的基本信任；偏听、偏信，难以区分事物的异同，体验到的事物关系含糊不清，做决定和解决问题的能力受到影响，有时害怕自己发狂等，这些都是在应激状态下认知功能受到损害的结果。

3. 行为方面

人的行为是心理活动的反映，正常的行为活动是一个人心理健康的重要表现之一。当个体大学生出现行为异常，不能专心学习；回避他人，与社会联系断裂，拒绝帮助；言语行为和思维情感不一致；饮食、睡眠出现反常；个人卫生习惯变坏，不讲究修饰；自制力丧失，不能调控自我，孤僻独行等非常态行为时，就要注意个体是否出现心理危机了。

4. 躯体方面

其主要特征是躯体方面出现失眠、头晕、食欲不振、胃部不适等症状。

临床实践研究表明，心理危机的发生必须满足下列三个条件：第一，生活中出现了导致心理压力的重大或意外的事件；第二，躯体和意识出现不适感觉，但尚未达到精神病程度，不符合任何精神病诊断要求；第三，遭遇到依靠自身能力无法应付的困境。这三种情况在个体身上同时出现，并伴有上述四个方面中的两个或两个以上方面的表现时，就可以认为该个体出现了心理危机。

四、社会心理支持

心理危机具有突发性、紧急性、痛苦性、无助性以及危机性。危机的降临常常使人觉得无所适从，而社会心理支持系统是个体社会性发展所依托的社会关系系统，是个体应对外部压力、降低心理应激水平的重要外部资源。

社会心理支持系统的组成包括三个方面：一是政府主导下的社会支持体系，如公办医院等社会医疗和危机干预救助单位、民政等社会援助单位、保险等社会保障单位；二是非政府组织提供的社会支持体系，如社会心理咨询与救助机构，包括个体工作单位在内的各级工青妇等群众团体、社区组织、社会慈善组织等；三是以业缘、亲缘、地缘关系为纽带的人际关系系统。

社会心理支持包括两个方面：一是客观的、实际的或可见的社会心理支持，包括来自社会各方面的援助和社会救助网络的服务；二是主观的、体验到的、情感上的支持，主要指个体感受到的来自家庭、亲友和职场等社会各方面的精神帮助，能够从中获得被支持、被尊重、被理解的体验。

心理实践与体验

一、心理测量

应对方式问卷

应对方式问卷由人才测评专家肖计划等人参照国内外应对研究的问卷内容以及相关理论，根据我国文化背景编制而成，见表 2-1。该量表可以解释个体或群体的应对方式类型和应对行为特点，比较不同个体或群体的应对行为差异，并且不同类型的应对方式还可以反映人的心理发展成熟的程度。每个条目有两个答案，如果选择"是"，则继续对后面的

"有效""比较有效""无效"做出评估,如果选择"否",则做下一个条目。

该量表包括62个条目,共分为6个分量表,用以计算分量表因子分。6个应对因子关系序列可排为:退避–幻想–自责–求助–合理化–解决问题。每个个体使用的应对方式一般都在一种以上,但仍具有一定的倾向性,这种倾向性构成了6种应对方式在个体身上的不同组合形式,如"解决问题–求助"为成熟型,在生活中表现出一种成熟稳定的人格特征和行为方式,"退避–自责"为不成熟型,表现出神经症性的人格特点,其情绪和行为均缺乏稳定性;而"合理化"为混合型,反映出受试者的应对行为集成熟与不成熟的应对方式于一体,在应对行为上表现出一种矛盾的心态和两面性的人格特点。

表2-1 应对方式问卷

序号	项目	是	否	有效	比较有效	无效
1	能理智地应付困境					
2	善于从失败中吸取经验					
3	制订一些克服困难的计划并按计划去做					
4	常希望自己已经解决了面临的困难					
5	对自己取得成功的能力充满信心					
6	认为"人生经历就是磨难"					
7	常感叹生活的艰难					
8	专心于工作或学习以忘却不快					
9	常认为"生死有命,富贵在天"					
10	常常喜欢找人聊天以减轻烦恼					
11	请求别人帮助自己克服困难					
12	常只按自己想的做,且不考虑后果					
13	不愿过多思考影响自己情绪的问题					
14	投身其他社会活动,寻找新寄托					
15	常自暴自弃					
16	常以无所谓的态度来掩饰内心的感受					
17	常想"这不是真的就好了"					
18	认为自己的失败多系外因所致					
19	对困难采取等待观望任其发展的态度					
20	与人冲突,常是对方性格怪异引起					
21	常向引起问题的人和事发脾气					
22	常幻想自己有克服困难的超人本领					

(续)

序号	项目	是	否	有效	比较有效	无效
23	常自我责备					
24	常用睡觉的方式逃避痛苦					
25	常借娱乐活动来消除烦恼					
26	常爱想些高兴的事自我安慰					
27	避开困难以求心中宁静					
28	为不能回避困难而懊恼					
29	常用两种以上的办法解决困难					
30	常认为没有必要那么费力去争成败					
31	努力去改变现状,使情况向好的一面转化					
32	借烟或酒消愁					
33	常责怪他人					
34	对困难常采用回避的态度					
35	认为"退后一步自然宽"					
36	把不愉快的事埋在心里					
37	常自卑自怜					
38	常认为这是生活对自己不公平的表现					
39	常压抑内心的愤怒与不满					
40	吸取自己或他人的经验去应付困难					
41	常不相信那些对自己不利的事					
42	为了自尊,常不愿让人知道自己的遭遇					
43	常与同事、朋友一起讨论解决问题的办法					
44	常告诫自己"能忍者自安"					
45	常祈祷神灵保佑					
46	常用幽默或玩笑的方式缓解冲突或不快					
47	自己能力有限,只有忍耐					
48	常怪自己没出息					
49	常爱幻想一些不现实的事来消除烦恼					
50	常抱怨自己无能					
51	常能看到坏事中有好的一面					
52	自感挫折是对自己的考验					
53	向有经验的亲友、师长求教解决问题的方法					
54	平心静气,淡化烦恼					

(续)

序号	项目	是	否	有效	比较有效	无效
55	努力寻找解决问题的办法					
56	选择职业不当,是自己常遇挫折的主要原因					
57	总怪自己不好					
58	经常是看破红尘,不在乎自己的不幸遭遇					
59	常自感运气不好					
60	向他人诉说心中的烦恼					
61	常自感无所作为而任其自然					
62	寻求别人的理解和同情					

二、心理实践活动

(一) 如何识别有自杀倾向者

要预防大学生自杀,就需要掌握自杀的识别知识,了解自杀的各种线索,一般来说,自杀者会有以下一些表现。

1) 通过各种途径流露出消极、悲观的情绪,表达过自杀意愿。谈论过自杀并考虑过自杀方法,包括在网络上、信件、日记、图画或乱涂乱画的只言片语中流露出死亡念头。

2) 不明原因突然给同学、朋友或家人送礼物、请客、赔礼道歉、述说告别的话等,行为明显改变。

3) 情绪突然明显异常,包括特别烦躁,高度焦虑、恐惧,易感情冲动,或情绪异常低落,或情绪突然从低落变为平静,或饮食睡眠受到严重影响等。

4) 发生人格改变,如易怒、悲观主义、抑郁和冷漠,有内向、孤僻的行为,不与同学和家人交往;出现自我憎恨、负疚感、无价值感和羞愧感,感到孤独、无助和无望;突然整理个人事务或写个人意愿。

5) 患有慢性或难治性躯体疾病的大学生突然不愿接受治疗,或突然出现"反常性"情绪好转,与亲友交代家庭今后的安排和打算。

6) 精神疾病危机对象,特别是抑郁症、精神分裂症患者是高校中公认的自杀高危人群。有自责自罪、被害、虚无妄想,或有命令性幻听、强制性思维、焦虑或惊恐等症状者。有抑郁情绪的危机对象,如出现情绪的突然"好转",应警惕其自杀的可能。

7) 近期内有过自伤或自杀未遂行为,当采取自杀并没有真正解决其问题后,再次自杀的危险性将会大大增加。

(二) 心理成长笔记

请仔细阅读以下材料，结合具体的学习生活及他人事件，就心理健康自助与互助意识与行为的价值和作用进行分组讨论，并提出自己的观点（100字以上）。

你需要心理咨询吗？

如果你遭遇以下情况，可以考虑进行心理咨询。

1）感到情绪难以自控：当感到情绪失控，依靠自我调节无法有效缓解时。

2）生活或工作效率下降：一段时期内效率下降，而且现实生活中又找不到明确的客观缘由，应考虑心理因素的原因。

3）遭遇重大的生活事件：比如重大考试失败、生病、失恋等，如果难以承受，需要专业的心理咨询帮助。

4）人际关系不适应：发现和身边很多人有矛盾，且遭到多数人排挤，心中痛苦和郁闷，自己难以摆脱。

5）没有理由的身体不适。当身体不适经过医学检查没有器质性病变，可以考虑是否是由心理因素引起的躯体功能障碍。

你的心理观点（100字以上）：

心理老师观点

一、如何应对心理危机

大学生群体可能会遇到一些重大危机，陷入严重的心理危机当中，比如重要考试失败、亲人去世、重大疾病、经济损失或恋爱挫折等。这类心理危机事件会使大学生相对年轻的心理陷入一种激烈的矛盾之中，有的人可能会精神崩溃，有的人会产生心理障碍，甚至产生自杀和杀人的行为。当大学生陷入这类危机的时候，需要有以下两种意识，并采取相应的行为。

第一是"自助"意识。当个体陷入重大危机之中的时候，既要有意识去调整自己，尝试通过多种途径去释放或者表达，比如给自己放假、运动、购物、倾诉，也要敢于向父母、老师、朋友、同学求助，即使他们不能帮助改变现状，也能够给予最坚强的心理支持，有时候还能够给予一些指导，陪伴走过这段比较艰难的时光。

第二是"互助"意识。当我们知晓或者是察觉他人处于一种心理危机状态时，应该给予更多的关注或者是关心。这种关注和关心并不需要非常专业的心理咨询技巧或者理论，只需要表现为一种默默的陪伴，或者讲一句关心的话，为他递上一杯水等。我们所要知晓的是，一个人的心理危机是有临界点的，而我们的这种点滴关注能够帮助他跨越暂时的心理障碍。

如果每一名大学生都具有这样的自助和互助意识，就能顺利度过可能遇到的心理危机，并且能够通过危机得到成长和进步。

（心理老师　刘爱华）

二、你会过于成全他人吗

在生活中，有两种截然不同的人，一种是在遇到困难的时候，很喜欢向身边的人寻求帮助，还有一种人是无论发生了什么事情都不会麻烦张口向别人求助，有什么事都喜欢自己解决。后者是心理倾向的一种，拥有这类性格的人通常性格都比较内向，不喜欢与别人做过多的交流，在人际交往之中通常会显得比较被动，缺乏足够的亲密感和社会支持。

拥有这种性格的人通常认为，只有无限地迎合他人的喜好，才能收获他人的认同与好感，即使内心千万般的不愿意，也难以拒绝。从表面上来看，无条件的顺从与无限的迎合，确实有利于维护人际关系，但实际上他们忽略了人际交往之中最为重要的一环，那就是"自我暴露"。缺乏"自我暴露"，长期刻意地压制自己的情绪、想法与需求，其实是非常不利于亲密关系的建立，也不利于自己的身心健康的。

在人际交往中，这类性格的人习惯于隐藏真实的自我，在交往中始终停留于表面的形式，很少有人可以走进他们的内心。这直接地导致了身边的人无法了解他真实的想法和需求，这无疑是人际交往之中最难以琢磨和可怕的一类人。

这类性格的人往往将自己心理的真实想法与感受堆积起来，把愤怒和不满的负面情绪也积压在内心之中，一旦时间长了，这些负面情绪就会造成严重的心理压力。这些堆积在心中的不满不能得到及时的排解，就很有可能在某一个瞬间爆发出来，这种爆发很有可能是非理性的，会伤及身边的人。例如，很多恐怖事件、反社会案件的罪犯都是平时看上去老实的人,他们会积极地满足他人的要求,而一旦这些老实的人丧失了理智,爆发情绪,就会做出难以想象的事情。

人的性格具有极强的可塑性,如果我们发现自己拥有这类性格特征,就应该尝试多与他人沟通,诉说自己的真实想法、感受及需求。如果发现身边的人具有这类性格特征,就需要尽力开导他们,使他们放下戒备,敞开心扉,从而倾听他们的内心感受和真实想法。切记,不要一味地顺从他人、迎合他人,而是要正视自己的内心,了解自己的真实想法,不要过多地把负面情绪堆积在心中,合理的排解才能使我们拥有健康的人格和心理。

(心理老师 刘爱华)

三、心理老师手记

老师,我不敢来

心理求助

我是一名大二的女生。从小到大,我的性格都比较内向,一直不太合群。最近这一两周,我觉得自己没有什么原因地特别容易伤感,还爱发脾气,看什么都不顺眼。常常一个人独来独往,吃东西没有什么食欲。上课走神,很难集中自己的注意力。马上就要期末考试了,我的学习效率也很低,再这样下去,我很担心考试会不及格。老师,我这样是不是有心理疾病,需要心理咨询吗?我想来做咨询,又怕被别的同学嘲笑,说我有心理疾病。如果不做心理咨询,会不会更严重?我怕自己会坚持不下去了!

📢 咨询回复

看了你的留言,老师隔着屏幕都能够感受到你正处在十分焦虑的状态。虽然此时此刻你还没有察觉到焦虑的原因,但是或许通过心理咨询你能够为自己打开一扇窗,发现问题所在。如果有时间,不妨勇敢地预约一次咨询,说不定能够发现一个全新的自己。

在同学们之间有这样一种误解,来做心理咨询的同学,一定会遭到其他同学的嘲笑,认为这个同学一定有心理疾病。我想问你一个问题,你自己或者身边的同学有没有定期做皮肤保养的,你觉得他们一定都有皮肤病吗?好像并非如此,只是这些同学更有护肤保健意识。这也是同样一个道理,并不是来做心理咨询的同学就一定患了心理疾病。我很欣赏古代名医扁鹊所说的那句"上医治未病",也就是这个道理。心理咨询是在信任、理解、支持的环境中,发现自我的潜能,将破坏性的经历转化为生命的韧性的过程。心理咨询的经历不会是你人生的软肋,而将成为你成长的铠甲!心理咨询室随时欢迎你!

(心理老师 朱占占)

父亲突然离世，让我感到天塌下来了

心理求助

老师，我是大一新生，最近感觉情绪很不好，晚上总失眠，还会莫名其妙地哭泣，对什么事情都提不起兴趣。有件事情压在心里太难受了，我不知该怎么办。就是在今年军训期间，我突然接到家里的电话让我马上赶回去，当我到家时才知道，我爸爸突发疾病去世了。太突然了，让人无法接受。我在家待了一个星期后返校，现在我总是会想起爸爸从小到大对我的好，他自己省吃俭用，什么好东西都会留给我，他走的时候连一件好衣服都没有。现在我经常情不自禁地想起他，然后就会泪流满面。而且家里面只剩下在超市打工的妈妈和读初中的弟弟，我觉得压力好大，我不知道该怎么面对现在的生活，不知道怎样才能走出这种痛苦。

咨询回复

我非常能理解你的心情，世界上最痛苦的事情莫过于失去亲人，特别是养育自己的父母。老师也有和你类似的经历，当时也是痛不欲生，无法接受。可后来慢慢发现家人和孩子还需要我的支撑和帮助，我必须振作起来。这份责任心让我强迫自己每天锻炼身体，有意识地和朋友待在一起，多做一些自己喜欢的事情，转移注意力，在忙碌中学会放下。在这里老师给你几点建议，希望可以帮助你。

一是要转移注意力。让自己忙碌充实起来，做一些自己想做并感兴趣的事情，大胆尝试一些没有做过的事情，培养兴趣爱好，如积极参加一些社团，或尝试身体锻炼。

二是要调整自我认知。很多时候我们都知道事情的结果会影响情绪，但却不知道当我们改变不了事实的时候，只能重新调整认知，学会接受与面对，用一种自己可以接纳的想法自我安慰，从另外一个角度看待问题，使情绪得以释放。

三是要管理好自己的情感与情绪。亲情就像夜晚的一盏灯，给人温暖与守候。失去亲人必定伤痛，学会把这份感情放在心里，可以缅怀，可以想念，但不要走不出来，尝试用文字或你喜欢的方式去表达，与你信任的朋友或家人多沟通交流。当情绪糟糕的时候，自我暗示，我可以变得很好，我会越来越好，相信自己一定能够更好！

四是要规划未来，加强责任心。作为大学生，要规划好自己的未来，掌握知识，提升能力，使将来有一技之长在社会生存发展。父亲的离世应该让你更迅速成长，对家庭有更多的责任心与爱心。经常保持与家人联系，帮妈妈做一些力所能及的事情。

（心理老师 刘婷）

延伸阅读

一、中国心理学家及其观点

老子的《道德经》、庄子的《庄子》33篇流传至今。老子和庄子是道家学派代表人物，他们形成了相应的心理学思想。例如，"其形化，其心与之然"，认为人的形体会随着年龄、健康状况和生活实践的变化而变化；"涤除玄览，能无疵乎"，将人的心理比作镜子，并用此镜认识事物与天道，"用心若镜"，认为人的心理要像镜子那样去反映外物和天道，洞察事物的底蕴，如此才不会被外物所蒙蔽。

老子还提出了"知虑"的心理学思想，提出了"知虑"的三个阶段："观""明"和"玄览"。"观"是指对事物进行直接观察，"明"指了解事物的本质，认识事物的法则，"玄览"则是要消除私欲和成见，使心地纯洁清明，从而具有远见卓识，深刻认识事物，整体把握事物的法则。庄子还提出了语言和思维的关系，"言者所以在意，得意而忘言"，认为语言能够表达意念，但表达的意念又带有言外之意，"言"并非能完全表达"意"之所在。

二、影片赏析

1. 中国影片：《我不是药神》

《我不是药神》根据白血病患者陆勇代购抗癌药的真实事迹而改编。电影由文牧野执导，宁浩、徐峥共同监制，徐峥、周一围、王传君、谭卓、章宇、杨新鸣等主演。该片于2018年7月在中国上映。

电影讲述了小老板程勇因为经营惨淡，铤而走险，成为印度仿制药"格列宁"的独家代理商，因价格低廉被病友冠以"药神"称号。但他并没有什么野心，只是想赚点钱，留住孩子的抚养权，开好自己的小店。当程勇真切地进入到白血病人这个群体后，他的蜕变和成长是惊人的，即使为此陷入牢狱，也要尽自己所能救助每一个病人。2019年，该片获得第38届香港电影金像奖最佳两岸华语电影奖、第15届精神文明建设"五个一工程"优秀作品奖，提名第32届中国电影金鸡奖最佳故事片奖。

2. 外国影片：《荒岛余生》

《荒岛余生》是由罗伯特·泽米吉斯执导，汤姆·汉克斯、海伦·亨特等主演的剧情冒险片。相比同样由汤姆·汉克斯主演的《阿甘正传》,《荒岛余生》显得简单直白,没有炫目的特效,没有复杂的故事脉络,三分之二是演员汤姆汉克斯一个人的表演,但同样震撼并且更打动人心。

该影片讲述了联邦快递工程师察克,在一次不幸的空难中幸运地成了唯一的生存者,然而却漂流到了一个与世隔绝的岛上。荒岛上的生活漫长、枯燥、无味,但最为主要的是生存的艰难。四年后,潮汐带来了一块铁板,使他燃起了离开荒岛的欲望。察克获救,得知女友已嫁人,他茫然离开。回到现代文明世界,察克不得不继续面向未知的人生。

三、书籍推荐

《杨凤池焦点咨询对话录》(杨凤池主编)

杨凤池为首都医科大学教授,其主编的《杨凤池焦点咨询对话录》通过摘录不同的典型个案,让读者对书中所涉及的多种心理障碍,包括心理问题、神经症和人格障碍以及对不同心理障碍所运用的特殊咨询方式有一个清晰、完整的认识。作者针对不同的来访者,将各种心理学理论技术进行巧妙而有机的结合与运用,将一些专业的心理学术语和解释转化为一种让普通来访者更容易理解和领悟的语言加以表达,形成了在心理咨询过程中鲜明的个人风格,显示了作者超常的语言驾驭能力。

对于心理学爱好者来说,这是一本精彩的经典案例集锦,它能让我们看到人的心理成因,也能让我们读懂问题的结果。一切的问题总有其根源,也不是所有的问题都要追溯过去。换一种视角去看待问题,放过纠结,原谅自己,这就是心理健康教育中的焦点解决技术的一条思路:"不探讨事件发生的原因,亦不积极于催化当事人情绪的宣泄",因为人无完人,有阳光也有阴影,为什么不用正向的力量去安抚阴影中的自己呢。

> **小贴士**
>
> **团体心理辅导与团体心理咨询、团体心理治疗的区别**
>
> 团体心理辅导与团体心理咨询、团体心理治疗在工作目的与对象上存在区别。团体心理辅导是一种预防性、发展性的工作,意在预防与应对一般心理困扰。团体心理咨询注重解决一般或较为严重的心理问题,而团体心理治疗是长期的心理治疗临床服务。但是,团体心理辅导、团体心理咨询与团体心理治疗虽然在工作层次上不同,但在具体操作技巧上互有重叠之处,难以截然划分。

3

第三单元

自我意识建构与评估

知人者智,自知者明。胜人者有力,自胜者强。

(选自《道德经》)

当事者迷,旁观者清,所以知人易,知己难。能够做到知人知己者,才是聪明人,才是明白四达的真智慧。

(选自朱清国《老子本义》)

知己知彼,百战不殆;不知彼而知己,一胜一负;不知彼不知己,每战必殆。

(选自《孙子兵法·谋攻》)

学习目标

1 知识目标
掌握自我意识的含义与结构
领会自我意识偏差的表现
理解自我意识形成的影响因素

2 素养目标
理解自我意识的价值与意义
正确评估自我意识的现状
主动调整自我意识

心理科普

一、自我意识的内涵与价值

(一) 什么是自我意识？

自我是心理学中比较复杂、难以理解的基本概念之一。心理学家们从不同的角度探讨了"自我"的概念。

美国心理学家詹姆斯最早对"自我"进行了系统的研究。他认为，"自我"就是自己所知觉、体验和思想到的自己，包括主体自我与客体自我，主体自我和客体自我是认识者与被认识者，即主体与客体的关系。

美国社会心理学家库利提出了镜像自我的概念，认为对于每个人来说，他人是一面镜子，个体通过社会交往才能了解别人对自己的看法，从而形成自我评价。一个人的自我就是个体对他人知觉的知觉，这是一种自省的过程，包括想象自我在他人心目中的形象；想象他人对此形象的评价；由此形象而产生的自我感。

美国社会学家米德认为，自我源于社会互动，强调"社会自我"，即从他人觉察到的自我。美国心理学家罗杰斯认为，自我来源于个体的重要经历，反映着经验又影响着经验，自我是一个完整的实体，主体自我和客体自我是不可分的，经验必定与经验内容有关，不可脱离具体的内容。

综合各位专家的观点，自我意识的核心是主体对自己的认识与态度，包括对自己的存在以及自己对周围人或物的关系的意识，是一个具有多维度、多层次的复杂的心理系统。

（二）自我意识对个体的意义

自我意识对个体的作用和意义非常重大。只有有了自我意识，个体才能意识到外界的客体，才能了解自身的一切，而后才能统合自身的一切力量以适应和改变外界环境，应对一切变化，使自身得以不断存在和发展。可以说，自我意识是个体心理调控系统的核心。

首先，自我意识影响个体的心理健康水平。自我意识制约和影响人格的发展与形成，一切社会环境因素对人产生影响都要通过自我意识这个中介发挥作用。良好的自我意识能使人正确定位自我，平衡理想与现实的偏差，更好地处理人际关系。中西方心理学家们在制定心理健康标准时，都不约而同地将"能正确认识自我"列为心理健康的重要标准。

其次，自我意识影响个体适应环境和改造环境，包括自然环境与社会环境。人意识到自己的体能不足以适应自然环境，就会产生提高体能的动机；意识到自己在社会里边缘化，就会强化社交。正确的自我意识使人更好地适应环境，而错误的自我意识可能导致不良后果。"善泳者溺，善战者亡"，当个体夸大对自我的认识时，行为可能超出能力可控范围，带来危险，而当过于贬低自我时，又可能自暴自弃，错失良机。

最后，自我意识能影响个体的道德与价值观念。人的道德发展同自我意识的发展联系紧密，只有在正确认识自己"是一个什么样的人"的基础上，才能更好地思考"要做一个什么样的人"。"己所不欲，勿施于人"，自我意识在换位思考时也发挥着关键作用，而在认清自己内心感受的基础上推己及人，也有利于形成良好的行为习惯。

二、自我意识的内容与结构

自我意识的内容比较丰富，根据不同的标准，其结构有不同的划分方式。

（一）按自我意识的过程划分

按自我意识的过程划分，自我意识包括自我认识、自我体验和自我调控。

自我认识属于认知范畴，主要涉及"我是什么样的人""我与他人关系如何""我的社会地位是什么样的"等问题。它包括自我感觉、自我观察、自我观念、自我分析和自我评价等层次。其中自我观念和自我评价是自我认识中最主要的方面，集中反映了个体自我认识乃至自我意识的发展水平，也是自我体验和自我调控的前提。

自我体验属于情感范畴，反映个体对自己所持的态度，主要涉及"我是否满意自己""我是否满足当下"等问题。它包括自我感受、自爱、自尊、自信、自卑、内疚、自我效能等层次。其中，自尊是自我体验中最主要的方面。

自我调控属于意志范畴，反映个体对自己行为与心理活动的自我作用过程。主要涉及"我要克制自己""如何改变自己"等问题。它包括自立、自主、自律、自我监督、自我控制和自我教育等层次。其中，自我控制和自我教育是自我调控中最主要的方面。自我认识和自我体验是自我控制的基础。

（二）按自我意识的对象划分

按自我意识的对象，可以将自我意识划分为生理自我、心理自我与社会自我，分别对应个体对自我生理状况、心理活动和社会关系的意识。

生理自我针对自我的生理属性，是对个体性别、身高、样貌、风度、气质等外在表现以及饥饿、疲倦、舒适等内在感受的认知，也包括对个体生理属性的体验与调控，如对自己的身体健康状况感到满意或担忧，对样貌改善的强烈愿望等。

心理自我包括个体对自己的感知觉、注意力、记忆、兴趣、动机等心理过程的认知，如认为自己智力超群，或是兴趣广泛等；对自我心理状况的体验，如感觉到悲伤、喜悦等情绪，或处于强烈的动机当中等。此外，心理自我还包括对个体心理的调控，如戒骄戒躁、悦纳自我等。

社会自我主要指个体对自我社会属性的认识，如名望地位、人际关系情况等。还涉及体验和调控层面，体验包括感受到强烈的优越感，内心充满责任感、使命感等，调控包括追逐名利、参与竞争、赢得他人好感等。

三、大学生自我意识偏差的形成及损害

对大学生来说，自我意识直接影响其学业、人际交往与社会活动。以下是大学生常见的自我意识偏差。

（一）自大

自大即自负，指个体自以为是、自命不凡的情感体验及情绪表现。当今大学生对事物有自己独特的见解，大部分学生对自己的才能较有信心，但由于过分高估本人的能力与优点，夸大自己的影响力，因此常对事情的结果做盲目乐观的预计。

自大是一种自我认识上的偏差，这种偏差的形成往往源于个体见识不足，同时离不开身边人的影响。自大的人难以处理好人际关系，听不进他人的意见和建议，由于缺乏自知之明，常常进行错误的归因，影响个人素质的提高。自大对大学生的学业与社交都能产生严重的负面影响，大学生应对此引起重视，并做出相应的调整与改变。

（二）自卑

与自大相反，自卑指个体过分低估本人的能力与优点，对事情的结果往往做出盲目悲观的判断。自卑者觉得自己各方面都不如他人，从而产生低落的情绪状态。

自卑者在与人交往时总是十分敏感，有时会选择逃避。因为自我效能感不足，自卑者往往缺少动机。自卑的形成与人的自尊心有关，当个体的自尊心得不到满足，又无法做到实事求是地分析、客观理性地看待时，就容易产生自卑心理。自卑对大学生的成长与发展存在危害，在人际关系方面表现出怯于与人交往甚至自我封闭，在学业方面，本来经过努

力可以达到的目标也会因为自我否定而放弃追求。如果自卑心理严重，还会导致性格缺陷，影响终身发展。

(三) 自私

自私就是以自我为中心，表现为固执己见，不关心他人，自尊心过强，易产生嫉妒心理。以自我为中心也是一种自我意识偏差，形成以自我为中心的习惯后，认为别人应该与自己有一致的观点和态度，即使知道别人正确也不愿意改变，考虑问题往往忽视相关条件因素，仅凭个人想法做出判断或决定；与人交往忽略他人感受，不尊重他人利益。

以自我为中心是由于自我意识畸形发展而产生的，会严重影响人际关系和个人的发展，并在人际交往中受挫后，容易诱发焦虑、抑郁、愤怒等不良情绪。大学生要克服自我中心主义，学会换位思考，学会关爱、尊重与帮助他人，必要时适当做出一些让步，并有意识地加强自我修养，学会控制自己的言行和需求。

心理实践与体验

一、心理测量

(一) 我是谁

第一步：请写出"我是"为开头的句子，目的是向对方介绍自己，字数在10~20字之间，请认真思考，多角度描述自己的现状，务必用纸笔填写出来，而不是停留在模糊的想象阶段。时间5~10分钟。

第二步：请用3~7个关键词描述不同个体对自己的评价，填写在表3-1"心理自我和客观自我的距离测量表"之中。

表3-1 心理自我和客观自我的距离测量表

评价主体	主要优势与特征	客观的我
我		
父母		
挚友		
同学		
辅导员		
其他1		
其他2		
其他3		

（二）罗森伯格自尊量表

"自尊"即自我尊重，是个体对其社会角色进行自我评价的结果。自尊是通过社会比较形成的，是个体对其社会角色进行自我评价的结果。自尊首先表现为自我尊重和自我爱护。自尊还包含要求他人、集体和社会对自己尊重的期望。罗森伯格自尊量表（见表3-2）由罗森伯格于1965年编制，最初用以评定青少年关于自我价值和自我接纳的总体感受，是目前是我国心理学界使用最多的自尊测量工具。

表中是有关自我描述的10个句子，请按照你的实际情况作答。每个句子有5个选择，具体说明如下：A 非常同意；B 同意；C 无所谓同意不同意；D 不同意；E 非常不同意。测验得分越低，说明自尊水平越高，反之得分越高，自我价值感和自尊水平就越低。

表3-2 罗森伯格自尊量表

序号	题 项	计分方法				
		A	B	C	D	E
1	我认为自己是个有价值的人，至少与别人不相上下	1	2	3	4	5
2	我觉得我有许多优点	1	2	3	4	5
3	总的来说，我倾向于认为自己是一个失败者	5	4	3	2	1
4	我做事可以做得和大多数人一样好	1	2	3	4	5
5	我觉得自己没有什么值得自豪的地方	5	4	3	2	1
6	我对自己持有一种肯定的态度	1	2	3	4	5
7	整体而言，我对自己感到满意	1	2	3	4	5
8	我要是能更看得起自己就好了	5	4	3	2	1
9	有时我的确感到自己很没用	5	4	3	2	1
10	我有时认为自己一无是处	5	4	3	2	1

二、心理活动实践

（一）团体心理辅导方案：认识你自己

自我概念是一个多维度、多层次的复杂的结构系统，包括组织个体如何感知、回忆和评价他人和自己，同时回忆过去，评估现在，计划未来，并以此为依据做出适应性的行为。在现实的生活中，人们对自我的认识一般存在一定的缺陷或盲点。大学生处于身心发展关键期，对自我认识存在一定的偏差和固着，并以此为基础来选择学习模式和生活方向。积极的团体情境能帮助大学生体验接纳与欣赏自己，了解个体的差异性与独特性，并认识到个人的特质与发展潜能。

团体目标：进一步认识自己，了解自己各方面的特质、能力等，学会接纳与欣赏自己，实现自我成长。

团体性质：成长性、同质性。

领导者要求：初步掌握社会心理学、发展心理学、心理咨询的主要理论，熟练掌握团体辅导技能，有一定团体辅导工作经验的年级心理辅导员、心理专职教师。

时间：120分钟。

场地要求：户外或团体心理咨询功能室。

活动环节参考：见表3-3。

表3-3　"认识你自己"团体辅导活动方案

活动名称	活动流程	所需时间
大树与松鼠	1. 三人一组。两人扮大树，面对对方，伸出双手搭成一个圆圈；一人扮松鼠，并站在圆圈中间；领导者和余下学员担任临时人员 2. 领导者喊"松鼠"，大树不动，扮演"松鼠"的人就必须离开原来的大树，重新选择其他的大树；领导者或其他人员就临时扮演松鼠并插到大树当中，落单的人说明原因 3. 领导者喊"大树"，松鼠不动，扮演"大树"的人就必须离开原先的同伴重新组合成一对大树，并圈住松鼠，领导者或临时人员就应临时扮演大树，落单的人说明原因 4. 领导者喊"地震"，扮演大树和松鼠的人全部打散并重新组合，扮演大树的人也可扮演松鼠，松鼠也可扮演大树，领导者或其他没成对的人亦插入队伍当中，落单的人说明原因	10分钟
滚雪球	每个人介绍自己的姓名、学院和爱好，如张三介绍自己：我是来自文法学院、爱好看书的张三，则下一位成员介绍时必须说"我是来自文法学院、爱好看书的张三旁边的来自影视艺术学院、爱好打篮球的李四"，以此类推。最后，领导者请各组推荐一名代表介绍本组成员，包括姓名、学院、爱好	10分钟
诺亚方舟	1. 领导者关心成员上一周的生活情况 2. 领导者询问成员是否听过诺亚的故事，然后简述诺亚方舟的故事 3. 领导者说明诺亚方舟的游戏规则：先请团体所有人选出一只代表自己的动物，然后由领导者先当诺亚，抽出领导者的椅子。当诺亚的人要一边绕着圈子，一边说：我是诺亚，我要带（动物的名称）。被叫的代表动物的人要跟在诺亚的背后一起绕圈子，等到当诺亚的人不想再带动物的时候，就喊：船沉了！然后所有的人就要开始抢位子，没有抢到位子的人就当下一回合的诺亚	15分钟

(续)

活动名称	活动流程	所需时间
我就是我	1. 领导者以每人所选择的代表自己的动物引入主题："你为什么选它呢？想想看，你跟它有什么相似的地方？" 2. 发心形纸片（每人8张），让成员在心形纸片上写出自己所拥有的特质 3. 让成员把写好的心形纸片用双面胶贴在身上 4. 成员分享贴在身上的3个最能代表自己的特质，并说明这三个特质对自己生活的影响	25分钟
他人眼中的我	1. 领导者请部分成员说出他人眼中的我具有什么样的特质？（如家人眼中的我、朋友眼中的我） 2. 领导者请成员思考：他们眼中的我与真实的我是否有差异？为什么会存在这些差异	25分钟
我很棒	1. 领导者引入主题：从大家分享的最得意的事情中，可以发现每个人都拥有很棒的能力。这些能力或许不是最拔尖、最突出的，却让我们更喜欢自己，也让我们的生活更愉快。今天就让我们多发现、挖掘自己现有或隐藏的能力 2. 让成员思考自己所拥有的能力后，填写活动单 3. 请成员分享：活动单有哪些项是得了4分以上的分数？为什么会给这几项能力很高的分数？哪些能力是你目前没有拥有，但是想要拥有的？你会做哪些努力去拥有这些能力	30分钟
总结	1. 领导者总结：多角度探索自己所拥有的特质，对自己也就能有更多了解 2. 布置作业：描述参加本次团体活动的感受	5分钟

（二）心理成长笔记

请仔细阅读以下材料，结合具体的学习生活及个人经验，就自我意识评估与建构的价值与意义进行分组讨论，并提出自己的观点（100字以上）。

埃里克森原为德国犹太籍精神病医生，1939年加入美国国籍，长期从事儿童精神分析工作，并从多方面进行精神分析理论的探讨。在他的思想体系中，自我被假设为一种心理过程，包含着人的意识动作，并能对之加以控制。自我是人的过去经验和现在经验的整合体，它引导心理向着合理的方向发展，把人的内心生活和社会计划结合起来。

埃里克森认为，人的发展是一个进化过程。在这一过程中，每人都普遍体验着生理、心理和社会事件的既定发展顺序。他把人的一生分为8个阶段（见表3-4），每一阶段各有其特定的心理社会任务等待完成，每一任务都有两极性，在人格发展的过程中不断斗争，按阶段循序渐进。其中青少年期的任务为第5阶段的任务，主要冲突为自我同一性对角色混乱。埃里克森认为，青少年期是生理迸发和心理萌动初期，青少年开始意识到必须用意志来约束本能冲动，不能听其为所欲为，因此产生自我同一感，这种同一感是青年对自己的本质、信仰和生活的重要方面的前后一致性的意识，需要为先前各阶段遗而未决的任务去寻求完善的解决方案。与此同时，由于面临新的社会冲突和社会要求，他们渴望与成人处于平等地位，以迎接人生重大问题的挑战。埃里克森进一步认为，在青年期第五个阶段必须克服七个方面的危机，分别为：时间前景对时间混乱，比如急躁或拖拉；自我确定对自我不确定，比如缺乏信心；角色试验性认同对消极同一性，比如不能认识自己；成就预期对消极预期，比如对工作不抱希望；性别同一性对性别混乱，比如疏远异性；权威认同对权威混乱，比如盲目服从；信仰对观念混乱，比如信仰危机。

值得指出的是，埃里克林深信自我具有自我治疗和自我教育的巨大潜能。儿童遭受挫折，可以在发展中得到融合，青少年则会有意识地或潜意识地奋力以健康成人的文化形象自居，他们可以利用先前阶段已经获得的信任、自主性、勤奋等部分的情感和成就，发掘自己潜在的创造力，从而度过这一关键性危机。青少年的行为与社会期的差距在实际上并没有那么大，社会不需要太多的顾虑。埃里克森还强调，人的发展是一个终生的过程，青少年若未能克服上述一方面或几方面的危机，在成年期的后3个阶段，通过不断考验和磨炼，由于自我仍在发挥作用，最后仍可望获得较完善的解决。当然，埃里克森的著作及观点是在当时美国社会背景所提出来，这一点我们需要予以辩证地看待。

表3-4 埃里克林心理发展的8个阶段及其结果

心理社会阶段	年龄	积极结果	消极结果
基本信任 VS 不信任	1岁	能够感受到内心的美好，信任自己和他人，积极乐观	只有消极感受，不能信任自己和别人，悲观
自主 VS 羞耻与怀疑	2~3岁	能够用意志与自我控制做出适当行为和决定	僵化，过度自我审查，多疑，羞耻感重
主动 VS 罪恶感	4~5岁	能够主动追求目标，积极主动完成任务	对追求目标和成就有罪恶感和迟疑
勤勉 VS 自卑	小学期	工作专注，并为完成工作感到自豪	对自己完成工作的能力没有自信，消极怠工
自我认同 VS 角色混乱	青少年期	自我的各角色间存在一致性和持续性，对未来有信心	对自我各角色没有设定，且不具一致性，自觉虚假
亲密 VS 孤立	成年前期	理智成熟和情感丰富，两者之间平衡适当，相互辅助	逃避亲密的人际关系，只维持表面关系
创造性 VS 停滞不前	成年期	对于工作和生活都充满创造性，张弛有度	工作兴趣丧失，人际关系单薄
整合 VS 失望	晚年	内部充满秩序、意义，对人生感到满足平安	对死亡充满恐惧，感觉悲苦，认为没有实现自己的人生

你的心理观点（100字以上）：

心理老师观点

一、解读自私、自负与自卑

自私是习惯从自己的角度和经验来认识和解决问题。这与我们日常所使用的"自私"概念既有联系，又存在一定的区别。自私的表现为只顾自己的利益，不顾他人、集体、国家和社会的利益，常有自私自利、损人利己等说法。过度的自私是一种病状的心理现象，轻微的表现为计较个人得失、私心重，严重表现为抢夺他人财产、私吞公款等。这是因为，自私的人以自己的需要和兴趣为中心，只关心自己的利益得失，而不考虑他人的兴趣和利益，完全从自己的角度、以自己的经验去认识和解决问题。在心理学家看来，不能多角度地认识和解决问题而导致的自私，其实是一种蒙昧，是由于缺乏知识或理性，或者缺乏积极经验造成的。我们在年轻的时候可能会表现出较多的自私行为，解决的方法就是要不断扩展自己的经验，在经验的基础上才能走出狭隘，视野变得更加开阔。

自卑就是消极的自我。如果是自私表现为个体需求的过度扩张，那么，自卑则走向了自私的反面。自卑表现为过低地评价自己能力，看不起自己，是由自我否定引起的内心体验。过分的自卑则会限制个体潜能的发挥，特别是当人年轻的时候，因为自卑而失去了扩展经验的机会，从而真正的逐步丧失自信心，形成在某些方面的习得性无助。在具体的学习生活中，有的同学因为容貌、身材、家庭背景等因素而自卑，这是一种没有必要的虚荣之心，是一种盲目攀比的心理，完全可以用具体的行为改变来替代这些虚妄的想法。比如，让容貌更加整洁，身体更加健美，合理节制消费，这是每个人都可以通过自己的行为改变而实现的。有的同学拿别人的长处比自己的短处，而忽略自己的优点，尽管懂得"尺有所短，寸有所长"的道理，但总不能具体贯彻到自我认识上来。心理学家阿德勒认为，人类普遍存在自卑感，只是自卑的程度、内容不同。适当的自卑不仅无损于身心，还可以成为个体超越自我、追求卓越的内在动力，适度的自卑对个人和社会都有建设性的价值。

当然，如果你感觉自己无法调适自卑心理，且对学习和生活造成了一定影响，你可以寻求专业的心理咨询帮助。

自负就是过高地、不切实际地评估自己的能力，觉得自己比别人好，别人都比不上自己，盲目乐观，自我欣赏，自以为是。如何来理解这一现象呢？有一个关于"李四"的寓言可以很好地说明这一点。李四从一个房子外面路过，听到一群人好像在议论自己，他就悄悄地躲在窗户下听。其中有一个人说，李四这个人其实还不错，但脾气太差了。李四听到这句话，马上踢开房门，掐住了那个人的脖子，睁大了眼睛，恶狠狠地质问他：你凭什么说我脾气不好？这是一个寓言。因为年轻，所以我们需要进步与成长，我们每个人或多或少都有一些小毛病、小问题，轻则产生一些不愉快的事件，重则影响我们的健康成才，我们要对照这些问题，不断地去调整心理调节系统。

（心理老师　刘爱华）

二、"我是谁"的解读

人有着独特的自我意识，它是一个多维度、多层次的复杂的结构系统，受到扮演的社会角色、在长期生活经验中形成的社会同一性、与别人的比较、获得的成功与失败经验、其他人的评价以及文化等因素的影响。作为一名大学生，我们的自我意识影响着我们如何感知、回忆和评价他人和自己。在成长的关键期，我们将会如何看待自己呢，认为自己长得帅气或认为自己有才华，这些不同的观念将会导致我们有不同的人生轨迹。

每个人可以尝试分析一下"我是谁"的结构特点。也就是在这些描述中，有几个是描述兴趣爱好，有几个是描述能力和特长，有多少描述的是心理活动，有多少描述的是具体的行为。意识来源于具体的生活，你的描述就是你当下生活的脚本。原则上，你的描述内容结构应该是均衡的、具体的，如果不够均衡和具体，那么说明你的自我意识存在一定的认知偏差，你没有提到的，或者没有写出来的，就是你自我意识的认知盲点，有很多领域到目前为止还没有给予真正的关注，付诸实际的行动。

可以推测，大多数人将对自我意识的描述过多地集中在外形、性格、兴趣、生活习惯等方面，而对于立身之本的技能与才干关注不够，这是因为在这个方面缺乏具体而真实的经验，这可能导致自我意识走向相对的褊狭与封闭，不利于自我意识的健全或均衡发展。与此同时，当下的自我意识内容与结构主导了个体的学习模式和生活方向，因此需要做适当的调适，塑造积极的、有价值的自我意识经验。

另外，消极的自我意识经验对个体发展是具有损害性的。假设某人的数学成绩不太好，所以高考失利，现在也不喜欢数学——可以回忆一下他的数学成绩是从什么时候开始不太好的，我猜想并不是因为这个科目有多么难，而是遇到了一个不太喜欢的数学老师，或者是曾与数学老师有过不太愉快的经验，或者有一次没考好父母给了他不公正的评价，后来他就不爱数学，再后来，他的数学成绩就真的不好。这说明，学习数学的能力在他的自我意识当中，被与数学学习相关的消极经验替代了。

面对未来，我们应该做出猜想。假设时光已经来到 15 年之后，请你推断或想象一下，你在从事什么职业？处于事业的哪个阶段？是否遇到了困难？有没有结婚？是否有了孩子？你在 35 岁的年纪是一个什么样的生活状态？请具体描述出来。15 年后，每个人的人生格局都将发生改变，这种改变的基础是建立在当下的行为之上的。正如 10 年前的你，或 5 年前的你，造就了你现在的状态。从今天的你跨越至 15 年后的你，从一名大学生走向社会人，现在可以做点什么？相信某些具体的做法已经开始呈现在你的自我意识当中，找到了可以追寻的方向。

（心理老师　刘爱华）

三、心理老师手记

暑期苦恼的大学生

心理求助

我是一名大学一年级的学生。暑假以来，家里所有人把我当小毛孩看待，把我当宝一样养着，我就像被压在五指山下的孙悟空，什么也干不了，连出去见同学朋友他们都不放心。这次假期，我本想锻炼一下自己，找个实习单位体验生活，但父亲偏偏自作主张帮我找了，还逢人就向别人介绍我是他的儿子，要多多照顾，我非常反感他这样做。难道我的人生路线以后就只能这样听凭安排吗？请问今后我该怎么办，这种氛围简直让我过不下去了。

咨询回复

感谢你的充分信任，把你心中的苦恼和我们分享。你已经是一名大学生，在客观上已经是一个有自主权利的成年人，这个事实不会因你家人对你的不放心或不认可而改变。从你的言语中，我推测你应该是一名对自己要求严格的青年，想锻炼自己，想让自己变得成熟与稳重起来，相信这也是你的家人，特别是你爸爸希望看到的，所以，从这点来看，即使你们的沟通在目前不是很成功也没有太大关系，因为你们都有这样一个积极的目标。

你目前的苦恼，一方面来自于父母对你的过多约束，一方面来自你对自己成长的焦虑。对此，我们认为，可怜天下父母心，他们虽然那么爱你，但好像老是帮错忙，在你不需要的地方帮了你。其实成长确实需要过程，焦虑也许就是其中必要的一环，因为人在努力克服焦虑时会萌生思考，进而会有新的蜕变。努力奋起的你不妨把如何改善与家人的关系作为你成长中的任务吧，至于该怎么做，没有什么灵丹妙药，就是在选择性地相信他们的阅历带来的丰富经验的同时，也多给爱你的父母一点时间，让他们慢慢尊重并认可你。

（心理老师　刘爱华）

心理求助

我不够"完美"

我叫婷婷，是一名普通的大二女学生，长相很普通，身高也不高，学习成绩也不突出，兴趣爱好上也没有什么能拿得出手的。身边的同学有的长得漂亮，有的唱歌好，有的跳舞好，有的同学人际关系好。我在和人相处的时候老在意别人的眼光，总觉得自己人缘不好，但是一旦到关键的时候我又发现有很多同学关心我。当我和朋友说自己不好的时候，他们都告诉我我很好，他们都很乐意和我交朋友，因为很舒服、快乐；我的专业学习成绩也还不错，自考本科就只差两科没过了……但是我还是觉得自己不够好，我也知道自己不自信，但我不知道应该怎么办。

📢 咨询回复

婷婷，你现在面临的一个主要问题是如何正确认识、评价自我。

从你的描述中老师可以看出，你在和周围的同学做比较，但是每个人都是一个独特的个体，如果你拿自认为的弱势之处去和某个人的强势之处比，你会发现总有比你更优秀的人。每个人都不是完美的，这些有优势的人他们在其他方面的不足你可能忽略掉了。

我们要能正确地认识自我，"天生我才必有用"，关注自己的优势，你看你的人际关系也不错，朋友们都很乐意和你相处；学习也很强，自考本科文凭就快拿到手了，这些也是小伙伴羡慕的对象。

当然你身上还存在其他的优点，只是平时你只关注缺点没有发现自己的优势。所谓的自信其实就是我还比较满意我自己，首先我们要学会悦纳自己，无条件地接受我们的优点和缺点，因为它们都是构成自我的一部分。其次面对我们的优势要继续发扬，我们的弱势如果可以改善就树立目标进行完善，如身高之类无法改变的则接受就好，我们要学会喜欢自己、欣赏自己。再次我们可以多做一些增强自我成就感的事情，这样我们对自己会越来越有信心。

婷婷，老师希望你能通过调整认知角度，自我调整，努力完善，蜕变成更好的自己！

（心理老师　胡健）

延伸阅读

一、中国心理学家及其观点

明代王守仁，自称阳明子，人称阳明先生，其著作由学生汇编为《王文成公全书》，共 38 卷。王守仁在心理学方面有不少颇具影响的思想，主要体现在《传习录》和一些书信之中。

王守仁在哲学上是主观唯心主义观点,因此他的心理学思想主要表现在他的"心学"观点。他认为,心是无所不包的。"心即理",即事、物、义、理、善、学等,都不在吾心之外,将"人心"比喻为"天渊",心之理无穷无尽,只是被私欲所窒塞障碍,彰显不出心之本原特点。他认为,"天下无心外之物",客观事物不能离开人的感觉、知觉而存在,把反映客观事物的"心"断言为物的根源。王阳明以观花为例对其心物论进行了说明,"你未看此花时,此花与汝心同归于寂;你来看此花时,则此花颜色一时明白起来;便知此花不在你的心外。"只有与主体发生关系之后,才真正是与主体相并存的客体,从这个角度来看,其"心外无物"思想有一定的合理性。

1508年,王阳明在贵阳文明书院讲学时首次提出著名的"知行合一"学说。"知中有行,行中有知",提出知行是一回事,不能分为两截。"以知为行,知决定行""知是行的主意,行是知的功夫;知是行之始,行是知之成",在当时的社会背景下,王阳明认为符合封建道德规范要求的行为是"良知"的完成,"知行合一"则是明确了道德的自觉性和实践性之间的关系。

二、影片赏析

1. 中国影片:《西虹市首富》

《西虹市首富》是由闫非、彭大魔编剧兼执导,沈腾、宋芸桦、张一鸣、常远、张晨光、魏翔等主演的喜剧片,于2018年7月上映。

故事讲述了在特烦恼之城的西虹市,混迹于丙级业余足球队的守门员王多鱼,因比赛失利被开除离队。正处于人生低谷的他意外接受了中国台湾神秘财团一个月花光十亿资金的挑战。本以为快乐生活就此开始,王多鱼却第一次感到了花钱的烦恼。想要人生反转走上巅峰,真的没有那么简单。该片是一部就算抛去所有笑点看了之后也会回味无穷的故事,看似轻松欢乐的喜剧故事背后,隐藏着一个关乎人性的考验——金钱与爱情的选择,而在癫狂和考验之下却是"首富"对于个体人生之路的思考与感悟。

2. 外国影片:《心灵捕手》

《心灵捕手》由格斯·范·桑特导演,1997年拍摄完成。影片讲述了一个名叫威尔的麻省理工学院的清洁工逆袭成为天才数学家的故事。

在影片中,威尔作为学校的清洁工,有一次意外看到数学教授公布的一道数学难题,这道难题没有学生能解但最终却被威尔解了出来,数学教授蓝波尔因而发现

了威尔在数学方面的惊人天赋。但不巧的是，威尔出生在一个状况不良的家庭，导致他内心叛逆，变成了一个问题少年。于是数学教授蓝波尔请求资深的心理学教授老友尚恩来辅导这个数学天才的心理问题，最终威尔渐渐地打开了自己的心扉，重新恢复了对人性的信任和希望，并鼓起勇气找回了爱情，完成了自我的升华。整部电影感人至深，发人深省。

《心灵捕手》作为一部经典的心理学题材电影，曾获得1998年的第70届奥斯卡金像奖最佳影片提名，马特·达蒙和罗宾·威廉姆斯因出演此片分获第70届奥斯卡金像奖最佳男主角提名和最佳男配角奖项。

三、书籍推荐

《中国文化课》（余秋雨著）

余秋雨，作家，学者。1946年8月出生，浙江人，20世纪80年代中期，被推举为当时中国最年轻的高校校长。2000年以来，余秋雨赴美国国会图书馆、联合国总部、哈佛大学、耶鲁大学、哥伦比亚大学等处演讲中国文化，反响巨大。上海市教育委员会颁授成立"余秋雨大师工作室"，中国艺术研究院设立"秋雨书院"。

"中国文化是一条奔流不息的大江，而不是江边的枯藤、老树、昏鸦。"这是余秋雨先生为自己的音频节目《中国文化必修课》写下的导语。这个节目实际上是一档有关中国文化的博士课程，也因此注定了它的特质，既不能降低标准、缩小格局，也无法脱离文化的最高等级。然而，就是这么一档没有嵌入逗趣、惊悚，也没有迎合潮流的文化课程却吸引了超过4000万的听众，这让余秋雨始料未及。这证明，中国文化拥有充分的覆盖面和向心力，人们对它的追求和话语兴趣远未疲倦。《中国文化课》一书由前述课程讲解的内容汇编而成，分别从文化定义、中国文化的历史脉络、精神主干、利弊得失、记忆序列等几个角度进行讲解，在普及的基础上突破了常识性和常规化，带有鲜明的个人特色。

4

第四单元

人格特征与培育优化

盖君子于细事未必可观，而才能足以任重；小人虽器量浅狭，而未必无一长可取。

（选自宋·朱熹《论语集注》）

君子未必能恰当处理寻常琐事，但其才能却堪当大任；小人虽然目光短浅、心胸狭窄，但也未必一无是处。君子和小人，经常是作为一组相对概念出现的。君子固然是一种理想的完美人格，但小人却并非坏人。朱熹对君子、小人所做出的界定新颖而有眼光。

这其实给我们以启示：评价人要坚持全面辩证的观点。君子，往往处理更多大事、把握大局，他们的精力往往专注于此，因此在琐事的处理应对上有时未免粗疏，这应当是可以理解的。而小人呢，眼界不高、格局不大，但是他们在力所能及的情况下，也能发挥积极的作用。因此，无论是识人还是用人，都要善于扬长避短，而切不可求全责备。

（选自钱念孙《当代书法家书君子格言》）

君子有三惜：此生不学，一可惜；此日闲过，二可惜；此身一败，三可惜。

（选自《明史》）

君子认为有三件事可惜：终身不学，浑浑噩噩，一可惜；一日不学，虚度时光，二可惜；身无长物，碌碌无为甚至有损名声，三可惜。

（选自钱念孙《当代书法家书君子格言》）

差异的研究，但同样也非常重视对共同特征和普遍规律的探索。

英国心理学家卡特尔用因素分析的方法对人格特征进行了分析，提出了一个基于人格特质的理论模型，他认为人格特质包含共同特征和个别特征。共同特征是同一社会群体可能会出现一些相同或相似的人格特征，个别特征指某个人具有的特征。人格特质的独特性和共性彼此依附与交融，几乎可以等同于共性和个性的关系，即个性中包含共性，共性又通过个性表现出来。

（二）稳定性和可塑性

人格的稳定性是指一贯的行为方式的总和，所谓"江山易改，本性难移"，就是指人格的某一方面稳定下来后，较难发生改变，且在不同的时间或场合下都表现得相当稳定，如一个性格急躁的同学，他在与朋友打交道时会显得过于简单或直接，在购物消费时更倾向于简单的交流，不愿意花太多时间去与销售员交涉，也容易在其他情境下与他人产生矛盾。

但是，人格的稳定性也是相对的，同时人格也具有可塑性。随着环境与个体经验的积累，人格的某些方面会发生变化，特别是比较重大的事件，如家庭变故、教育环境改变、重大挫折等，这些将会影响人格结构中的某些方面。大学阶段处于人格再造的关键时期，大学生应该树立能动的观念，不断完善自我，塑造健康人格。

（三）功能性

人格对个人行为具有调节和适应的功能，人格不仅决定着个体的心态和生活方式，而且决定了事业与终身发展，所以人们常常用人格特征解释个体言行，分析事业成败的原因。面对同样的失败，不同人格特征的人具有不同的反应。坚定隐忍的人和妄自菲薄的人遇到挫折后，前者可能会破釜沉舟、勇往直前，而后者可能会患得患失、踌躇不前。当人格的功能发挥正常时，表现为健康而自信，当人格功能失调时，就会表现为懦弱、无力、失控甚至变态。

（四）自然性和社会性

人格是人的自然性和社会性的统一。人格须以神经系统的成熟为基础，人的心理不仅是人格的体现，也是大脑机能的体现。人格是在一定的历史地理和社会背景下形成的，因此人格也是特定的社会文化的缩影。

三、常见人格障碍及其特点

一般而言，人格障碍有3个因素：一是早年开始，在童年或少年起病；二是人格的一些方面过于突出或显著增强，导致牢固和持久的适应不良；三是给病人带来痛苦或者贻害家庭和周边社会。常见的人格障碍有以下7种。

（1）反社会型人格障碍　高度的攻击性，缺乏羞耻感，不能从经历中取得经验教训，行为受偶然动机驱使，社会适应不良。

（2）偏执型人格障碍　固执，敏感多疑，过分警觉，心胸狭窄，好嫉妒。表现为自视甚高，有错常归咎于他人，不能做自我批评，更不能接受他人批评。对挫折和失败过分敏感，喜欢争论、诡辩甚至冲动攻击，常有某些超价观念，缺乏幽默感，常自感不安全而处于紧张戒备状态中，并千方百计寻找怀疑和偏见的证据，无端揣测别人对其有不良动机，歪曲别人的善意提醒，不能明辨好歹。

（3）分裂型人格障碍　思维古怪，表现为思维反常、固执，有时可见短暂的怪异思维发作。对社交的不利后果非常敏感，在抵制这种敏感的过程中可表现为焦虑、害羞和悲伤。他们不能容忍他人对自己的轻视和忽略，但又非常不自信，感到无法改变这一事实，故常采取与社会隔绝的方式予以逃避，但内心还是渴望与周围接触。

（4）强迫型人格障碍　高标准，严要求，做事按部就班，希望尽善尽美，事后反复地检查，要求细节完美，所以往往表现得焦虑、紧张和苦恼。这类人的道德感过强，过于自我克制，而且还会过分地自我关注，责任感也很强，平时显得比较拘谨、小心翼翼，对自身的安全过分谨慎，思想得不到松弛，事先计划好所有的动作，考虑得过于详细，给人以迂腐、刻板和固执之感。

（5）表演型人格障碍　以人格不成熟和情绪不稳定为特征，其暗示性、依赖性特别强。为了引起别人的注意而有过分做作或夸张的行为。高度自我中心，不为他人考虑，情绪变化无常，易激动，对人情感肤浅，难以长久交往，常为别人不理解自己而感到受伤害，好幻想，把想象当成现实，追求新异刺激，难耐寂寞，喜欢热闹。

（6）冲动型人格障碍　情绪不稳定，缺乏冲动控制。易激惹，常因微小刺激而发作，动辄会以暴力威胁。对发作时的所作所为感到后悔，但不能防止复发，少量饮酒可引起发作。

（7）依赖型人格障碍　缺乏自信，不能独立活动，感到自己无助和笨拙，情愿把自己置于从属地位，一切听从他人安排。

四、大学生的人格偏差

大学生处于人格的"再造期"，是人格发展的关键阶段，但是，大学生群体在人格发展中存在一些明显的不足，具体表现为人格独立性较差，社会性人格发展滞后，对社会的认识比较片面，开拓与创新意识有待增强，有的大学生甚至出现理想信念虚化、价值观迷失的现象。这些特征导致大学生人格发展存在一定的偏差。人格偏差对个体心理健康极为不利，如果对人格偏差熟视无睹，那么发展成为人格障碍的可能性就会增强，对个体终身发展造成不可估量的损失，因此值得每一个大学生认真对待。

（一）自卑或自大

1. 自卑

自卑指人格退缩。一般表现为感觉自己比别人差，感到惭愧、羞怯、畏缩甚至灰心，涉及学业成绩、外貌举止、为人处事、经济消费等方面。自卑是一种复杂的情绪，觉得自己在很多方面不如别人，把自己的弱点无限放大，怀疑别人看不起自己，在任何场合都不敢表现，做事瞻前顾后，生怕出现不好的结果，感觉自己越来越弱，自我意识不断弱化，有些同学会变得消沉逃避，不愿意参与集体活动。

2. 自大

有的大学生认为，自己出类拔萃，周围的人都会崇拜自己，因此以自我为中心，表现为过高地评价自己，盛气凌人，指望他人为自己服务，但自己不愿意付出，高傲看不起人，导致人际关系失败，但总把失败原因归结为别人对自己的羡慕嫉妒，自恋情结明显。

自大会导致盲目的自信，不能对自己的知识、能力、性格、爱好、气质以及适合从事什么样的工作做出正确判断，甚至会引起他人的反感与排斥，使自己陷入比较被动的局面。

针对自卑或自大，首先，要找原因。这有可能是因为父母的关注不够，也可能与挫折经历有关。找准原因才可能对自己的状态有一个清醒的认识。其次，要重新认识自己，评价自己的价值，找到自己的积极面和消极面，评估对自己的判断是否客观，是否夸大或贬低。再次，要悦纳自己，做自己的朋友，明白"尺有所短、寸有所长"的道理。最后，要确立合理的评价参照系统，比如，如果家庭条件一般，就不要盲目攀比，如果自己演讲经验比较欠缺，就既要认识到自己的不足，也要以积极乐观的心态去训练等。

（二）冲动易怒

这表现为遇到冲突时容易意气用事，不是爆粗口就是亮拳头，做事情不考虑后果。思维比较直接，容易冒犯他人，做事很少考虑过程与全局，处理事情比较简单，容易出现问题。还表现为急躁马虎，遇到任务或事情，图快不图质量，甚至敷衍了事，说话不经过脑子思考，甚至夸大其词，表面上看比较热心和积极，但实际上责任心不强，反思能力差等。

人格偏差可能单一存在，但也可能是交叉或混合的，或者是某一方面的偏差表现较多。矫正人格偏差没有直接的解决方案，每个个体的成长经验、家庭背景、教育经历和所受的社会影响存在差异，因此人格偏差的根源也是多样化的。矫正人格发展偏差一方面要储备知识，开阔视野；另一方面需要结合具体的学习和生活事件来进行反思与对照。另外，寻求心理咨询或相关方面的帮助，对矫正人格也是有益的。

心理实践与体验

一、心理测量

关于人格测验，由于依据的人格理论不同，所采用的方法也不同。从测验类型来分，一类为自陈量表，一类为投射技术。国外人格测验较多，包括明尼苏达多项个性调查表（简称 MMPI）、卡氏 16 种人格因素测验（简称 16PF）、艾森克人格问卷（简称 EPQ）等，我国在一段时间内以采用国外的人格测验的中国修订版为主。

中国人的人格结构无论是因素的数量还是因素的内涵都与西方的理论存在显著的差

异，因此，为了系统地估计中国人的人格结构，北京大学王登峰教授等人编制了中国人人格量表及中国大学生人格量表。

(一) 中国人人格量表（QZPS）

关于中国人的人格结构是否与西方的大五人格相匹配一直是人格心理学争论的焦点。王登峰教授经过突破性的研究发现并命名了中国人大七人格。在"大七"模型中，中国的人格由7个主要成分组成。

1) 外向性。外向性反映的是人际情境中（聚会、集体活动）活跃、主动、积极和易沟通、轻松、温和的特点，以及个人的乐观和积极心态，是外在表现与内在特点的结合。外向性包括活跃、合群、乐观3个小因素。

2) 善良。反映的是中国文化中"好人"的总体特点，包括对人真诚、宽容、关心他人以及诚信、正直和重视感情生活等内在品质，包括利他、诚信和重感情3个小因素。

3) 行事风格。是指个体的行事方式和态度，反映做事踏实认真、谨慎、思虑周密、目标明确、切合实际的倾向性，包括严谨、自制和沉稳3个小因素。

4) 才干。反映个体的能力和对待工作的态度，包括决断、坚忍和机敏3个小因素。

5) 情绪性。是指控制情绪的能力和情绪稳定性、平和性的特点，包括耐性和爽直2个小因素。

6) 人际关系。指对待人际关系的基本态度，反映待人温和、友好、与人为善并乐于沟通的倾向性，包括宽容和热情2个小因素。

7) 处世态度。个体对人生和事业的基本态度，包括自信和淡泊2个小因素。

这7个主要成分一共评价18个因素，并且从对自己、他人、事物3个指向上做出评价。基于中国本土文化的人格结构研究与测量工具的开发，对指导中国人人格测试与职业预测具有重要现实意义。

(二) 艾森克人格问卷

艾森克人格问卷是由英国心理学家H. J. 艾森克编制的一种自陈量表，分成人问卷和儿童问卷两种格式。

英文原版的成人问卷中有101个项目，儿童问卷中有97个项目。我国有多个修订版本，北方地区有陈仲庚等人的修订本，南方地区有龚耀先、刘协和等人的修订本。龚耀先主持修订的儿童问卷和成人问卷各由88个项目组成，每个项目都为"是"和"否"两个选项，供被试根据自己的情况进行选择，然后按内外倾向量表（E）、情绪性量表（N）、心理变态量表（P，又称精神质）和效度量表（L）记分，前三者代表艾克森人格结构的3个维度，L量表是后来加进去的，代表一种稳定的人格功能，即反映被试的社会朴实和幼稚水平。量表有男女常模。E、P、N量表得分随测试者年龄增加而下降，L量表则上升。精神病人的P、N分数都较高，L分数极高，有良好的信度和效度。一般结果认为，此量表的项目较少，易于测查，项目内容比较适合我国的情况，被认为是较好的人格测定方法之一。各量表的简要解释如下。

内外倾向量表（E）：分数高表示人格外向，可能是好交际，渴望刺激和冒险，情感易于冲动。分数低表示人格内向，可能是好静，富于内省，除了亲密的朋友之外，对一般人缄默冷淡，不喜欢刺激，喜欢有秩序的生活方式，情绪比较稳定。

情绪性量表（N）：即神经质，反映的是正常行为，并非指神经症。分数高者常常焦虑、担忧、郁郁不乐、忧心忡忡，遇到刺激有强烈的情绪反应，以至出现不够理智的行为。分数低表明情绪反应缓慢且轻微，很容易恢复平静，他们通常稳重，性情温和，善于自我控制。

心理变态量表（P）：又称精神质，并非指精神病，它在所有人身上都存在，只是程度不同。高分者可能是孤独，不关心他人，难以适应外部环境，不近人情，感觉迟钝，与他人不友好，喜欢寻衅搅扰，喜欢干奇特的事情，并且不顾危险。低分者能与人相处，能较好地适应环境，态度温和，不粗野，善从人意。

二、心理实践活动

（一）积极人格训练周记表

人格的塑造在于日积月累。表4-1是一个积极人格训练周记表，每天对照检查下自己，做到的打"√"，没有做到打"×"，并写出改进的方法。

表4-1 积极人格训练周记表

	星期一	星期二	星期三	星期四	星期五	星期六	星期日	改进方法
积极								
勤奋								
认真								
及时								
坚持								
负责								
好学								
诚信								
热忱								
宽容								
谦虚								
整洁								
分享								
适度								

（可加行）

（二）心理成长笔记

请仔细阅读以下两则资料，结合具体的学习生活及个人观念，就如何培育健康人格，增强自我心理日常保健意识的价值和作用进行分组讨论，并提出自己的观点（100字以上）。

资料1：

苏轼是继李白、杜甫之后成就最大、影响最深远的文学家，作为一位充满魅力、旷达、幽默、情感丰富的睿智之士，苏轼的名字家喻户晓。他一生际遇坎坷，几经沉浮，历经磨难而依然笑对人生，诗文是他对人生最直接的表达。他高兴的时候写诗作文，郁闷的时候也写诗作文。他一生勤于创作，在他短暂的生涯中，为世人留下了2700多首诗，300多首词，各种文章约4800篇。他的诗、词、散文里所表现出的豪迈气象和优美情致，丰富的思想内容和独特的艺术风格，在当时倾倒世人，被奉为天下文宗，死后彪炳后世，"雄视百代"。

苏轼不是完人，他豁达的人生态度，是在失意、被贬的过程中一步一步练就的！在他的诗词文章中，我们可以清晰地体会到那个真实的东坡。妻子王弗去世十年，每逢妻子故去之日，他都哀伤不已。

十年生死两茫茫，不思量，自难忘。千里孤坟，无处话凄凉。

（选自《江城子·乙卯正月二十日夜记梦》）

这里，我们看到了一个重情义，又不那么坚强的苏轼……

在被贬黄州的时候，他的内心也是纠结万分，还做不到那么豁达。有时，他看起来好像什么都不怕：

莫听穿林打叶声，何妨吟啸且徐行。竹杖芒鞋轻胜马，谁怕？一蓑烟雨任平生。

（选自《定风波·莫听穿林打叶声》）

喝醉酒，烦心往事一时涌起，他或许想要抛弃世界：

长恨此身非我有，何时忘却营营？夜阑风静縠纹平。小舟从此逝，江海寄余生。

（选自《临江仙·夜饮东坡醒复醉》）

皇帝读到这首词，以为他要浪迹天涯，紧急传召让人确认苏轼还在否？在黄州，苏轼的日子非常难。此时的他，没有权力，没有薪水……在朋友的周旋下，他在城东借了一块山坡，扛起锄头种地，跑到田地筑房。大有安心做农夫的架势，从此，他有了一个新称号"东坡居士"。

去年东坡拾瓦砾，自种黄桑三百尺。

今年刈草盖雪堂，日炙风吹面如墨。

（选自《次韵孔毅父久旱已而甚两三首》）

想要的生活和现实总是有差距。苏轼在经历过那么多的坎坷际遇后,能及时调整,让自己拥有一个豁达的心胸去面对人世的无常。闲来无事,读一读《苏东坡全集》,在字里行间体味属于自己的东坡……虽然和他相隔九百多年,但他好像依然在你的身边!(摘自公众号"第一哲学家")

资料 2:

苏轼是诗、文、书、画无所不能而又异常聪明敏锐的文艺全才,其实,苏轼的文艺成就本身并不算太高,比起屈、陶、李、杜,要逊色一筹。画的真迹不可复见,就其他说,则字不如诗文,诗文不如词,词的数量也并不算多。然而他对中国文艺史却有着巨大的影响,也是美学史上的重要人物,道理在哪里呢?我认为,他的典型意义正在于,他是地主士大夫矛盾心情最早的鲜明人格化身。他把中晚唐开端的进取与退隐的矛盾心理发展到一个新的质变点。

苏轼一方面忠君爱国、学优而仕、抱负满怀、谨守儒家思想,这上与杜、白、韩,下与后代无数士大夫知识分子,均无不同,甚至有时还带着似乎难以想象的正统迂腐气。但要注意的是,苏轼留给后人的主要形象并不是这一面,而是他的另一面。这另一面才是苏轼之所以为苏轼的关键所在。

苏轼一生并未退隐,也从未真正"归田",但他通过诗文所表达出来的那种人生空漠之感,却比前人任何口头上或事实上的"退隐""归田""遁世"要更深刻更沉重。因为,苏轼诗文中所表达出来的这种"退隐"心绪,已不只是对政治的退避,而是一种对社会的退避;它不是对政治杀戮的恐惧哀伤,也不是"一为黄雀哀,泪下谁能禁","荣华诚足贵,亦复可怜伤"那种具体的政治哀伤(尽管苏轼也有这种哀伤),而是对整个人生、世上的纷纷扰扰究竟有何目的和意义这个根本问题的怀疑、厌倦,和企求解脱与舍弃的态度。

你的心理观点(100字以上):

心理老师观点

一、如何看待人格

关于人格，我们中国人一直比较推崇君子人格，比如我们所熟知的君子不器，君子不忧不惧，君子坦荡，君子喻于义。在这些经典的语言当中，君子人格与人性、性格甚至具体的为人处事似乎都有着比较紧密的联系。如何培育中国文化所认同的君子人格呢？其实《论语》中孔子曾经给予答案：质胜文则野，文胜质则史。文质彬彬，然后君子。质朴如果超过了文采，就会显得粗野；文采超过了质朴就会变得浮华。只有文采和质朴相辅相成，配合恰当，才是真正的君子。因此，我们每个人的人格一出生也许是质朴的，我们成长的环境也许存在一定的差异，但是我们都可以经过后天的教育培育得到持续的优化，每个人的人格在客观认识的基础上，是可以通过具体的实践得以持续完善的。

（心理老师　刘爱华）

二、如何理解人格的影响因素

相对于自我意识，人格的完善是个体成长更上位的目标，那就是我们想成为什么样的人，从而在无意识中界定什么样的起点，然后得到一个符合逻辑的人生结果。社会是复杂的，价值取向是多元的，而价值观的确立与稳定是人格健全的基本标志，志存高远才能有更大的立体空间帮助自己获得幸福而有价值的人生，人格的健全也才有可落地的实践基础。

我们可能更多地看到，在各类畅销的心理学类书籍当中，强调儿童经验、原生家庭对个体人格的影响，也会强调个人成长环境对人格的影响。比如，2020年热播的网络电视剧《隐秘的角落》就受到了很多观众的追捧，很多知名公众号也对这个剧的角色进行了一些心理学意义上的解读，强调了原生家庭对个体成长的重大影响。《隐秘的角落》作为电视剧而言，无论从编剧，还是演员角色塑造，的确属于国内比较优秀的作品，因而能够产生较大的商业效益。但是，从社会效益而言，《隐秘的角落》其实带来了一定的负面影响，我们在观影过程中要去辩证地看待。

这是为什么呢？《隐秘的角落》的影评片面扩大了整个社会对于亲子关系、单亲家庭及其子女成长的焦虑，一些来自单亲家庭的大学生，甚至包括已经走向工作岗位的年轻人就有可能会将其成长的困惑归结于单亲家庭的成长环境，从而做出过于偏颇的归因，这反而不利于其取得成长和进步。外部归因与内部归因都是人格偏差的形成条件，不能只着眼于外部归因，把责任推给社会或家庭，应着重于内部归因，从自我方面挖掘根源，才能找到解决人格偏差或人格障碍的方法。

环境能对人格塑造产生一定的影响，但作为客观意义上的成年人，主观的努力可以在一定程度上抵消不太好的成长环境所带来的影响。所谓的人格发展偏差是相对的，我们的着力点要放在如何完善人格上，可以具体到学习和生活中去，要通过具体的事件来化解人格完善的问题。假设你有偏执型人格偏差的表现，那么就通过人际交往、情绪管理等具体的事件来逐步化解。人格偏差的形成有一个相当长的过程，所以人格的矫正也需要较长的时间。天下之难，莫过于平凡之事持之以恒。以这样的态度来为人处事，相信生活会更加美好！

（心理老师　刘爱华）

三、心理老师手记

心理求助

我是否该继续坚持？

我是一名学习艺术体操专业的男孩，今年19岁，在读大一。从初中开始，我被体育老师选中，学习艺术体操，通过体育类专业高考，考上了理想的大学。我热爱体操运动，能够在汗水和拼搏中体验到快乐和自信。但是从小爸爸就很不喜欢我学习体操，觉得男孩子学这个专业将来没有出路。常常说我"头脑简单，四肢发达"。特别是我进入大学以后，对未来的人生也很迷茫。最近，爸爸在新闻上看到了一则"昔日体操冠军流落街头卖艺"的推文，并发送给我，说我们学体操的，因为身高受限，将来可能连一个保安都应聘不上。老师我真的会流落街头卖艺维生吗？那我现在这么刻苦的训练还有什么意义呢？

咨询回复

看得出你是一个非常热爱体操运动的男孩子，这么多年来，坚持一日复一日的刻苦训练。

十八九岁的时候，我们都会问自己一个问题"将来我将成为什么样的人？"心理学家认为我们的烦恼并非遭遇的事件本身，而是我们对于事件的理解和信念。我们有很多不合理的信念深深地扎根于心底，而不被洞察。比如，我必须得到我认为重要的人的肯定。这么多年来，你可能一直想得到爸爸的认可，特别是在体操专业的学习方面，但即使是高成就者也很难得到所有人的认可。例如，著名的华人导演李安，在执意学导演专业后，有10年没有跟自己的父亲对过话。在这件事情上，谁又能确定爸爸的想法就一定理性呢？虽然他对你来说如此重要。至少在老师看来，爸爸的看法也犯了以偏概全的认知错误，各行各业都存在流落街头卖艺为生的现象，不能因为有一位体操冠军流落街头，就否定整个专业。还有更多体操专业的学生能够成为社会的栋梁，能够拥有幸福美满的人生。坚持自己的理想，你也一定能够看到同样精彩的风景。

（心理老师　朱占占）

延伸阅读

一、中国心理学家及其观点

汉代著名唯心主义哲学家董仲舒著有《春秋繁露》，其中包含了丰富的社会政治思想、哲学和伦理学思想，也包含了一些心理学思想。董仲舒提出了"人贵论"，认为人是大自然的一部分，但在大自然中有着特殊的地位。人具有社会伦理道德，如"父子兄弟之亲""君臣上下之谊"，所以"超然有以高物""超然异于群生"；由于能够"下长万物，上参天地"，所以"超然万物之上""最为天下贵也"。

董仲舒提出了"性三品"论。"名性，不以上，不以下，以其中名之。圣人之性，不可以名性；斗筲之性，又不可以名性；名性者，中民之性。""性三品"论对人性与教育的关系进行了分析，认为要使人养成道德品行，能自觉"循三纲五纪，通八端之理，忠信而博爱，敦厚而好礼"，需要通过社会的教育。他指出"天生民性，有善质而未能善"，通过教育把"善质"可能性转化为善的现实性。他还指出，在具有善质的"中民"之中，虽然受到同样的教育，有的可能发展为善，有的却也可能发展为不善，这关键在于接受教育者的觉悟与不觉悟。董仲舒将人性与教育的关系总结为："性者，天质之朴也；善者，王教之化也。无其质，则王教不能化；无其王教，则质朴不能善。"

二、影片赏析

1. 中国影片：《风声》

《风声》于 2009 年 9 月上映。

该片改编自同名小说，讲述了抗战时期一名汪伪政府的高官被暗杀后，日军要彻底搜查抗日地下组织，负责人是将最有可能接触到电报的 5 个嫌疑人带到了封闭的裘庄，调查的期限只有 5 天。被软禁的 5 个人为了保全自己，也在处心积虑地观察着周围其余 4 人，都希望尽快把代号"老鬼"的共产党人揪出来，以便自己能够安全地离开裘庄，从而引发了一系列惊心动魄的故事。

《风声》在突破主旋律电影类型化方面做出了十分成功的探索，无论是剧情的编排设计，还是拍摄的手法，都跳出了以往同类题材的窠臼。该影片获第 46 届中国台湾电影金马奖多项提名。

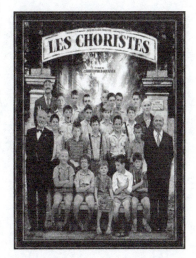

2. 外国影片：《放牛班的春天》

《放牛班的春天》是于 2004 年 3 月在法国上映的音乐电影，由克里斯托夫·巴拉蒂执导。

影片主角是一位怀才不遇的音乐老师马修。马修来到一间外号叫"池塘之底"的男子寄宿学校当助理教师。这里的学生大部分都是难缠的问题儿童，体罚在这里司空见惯，学校的校长只顾自己的前途，残暴高压。性格沉静的马修尝试用自己的方法改善这种状况，他重新创作音乐作品，组织合唱团，决定用音乐的方法来打开学生们封闭的心灵。该影片荣获第77届奥斯卡金像奖最佳外语片奖、最佳原创歌曲奖提名。

三、书籍推荐

《自卑与超越》（阿尔弗雷德·阿德勒著）

《自卑与超越》是个体心理学的先驱阿德勒的代表作。在书中，他告诉我们，理解一个人，就要从他的过去入手，而一个人的生活风格，则是与他对于过去经验的认识和理解相一致的。自卑并不可怕，关键在于怎样认识自卑，克服困难，超越自我。

阿德勒认为人的生命和精神活动都具有一定的目标性，人是未来定向的。他认为如果人们为精神生活确定一个目标，他们就会更好地适应现实。他把一切心理现象都看作反映某种统一的生活计划，而生活计划的总目标就是优越。心理活动都是围绕着优越性这一目标进行的。阿德勒理论的最后落脚点是人的优越和完善。他把为优越而努力称作生命的实质，这也是阿德勒人格理论的基本动力。行为的动机出于人的社会性，生物因素并不起主要作用。后来，阿德勒又把个人优越而努力的观点改变成个人为完善的社会而奋斗。他同时还认为个人优越而努力可能有益，也可能有害。如果一个人不顾别人和社会的需要，只专心于个人的优越，就可能产生优越情结，而具有优越情结的人可能成为一个专横跋扈、自吹自擂、傲慢之人，这种人不太受社会欢迎。

小贴士 美国心理学家罗森塔尔考察某校，随意从每班抽3名学生共18人写在一张表格上，交给校长，并告知这18人是高智商人才。时隔半年，罗森塔尔又来到该校，发现这18名学生的确进步很大。后期追踪研究发现，这18人全都在不同岗位上干出了非凡的成绩。赞美、信任和期待具有一种能量，你期望什么，你就会得到什么，这就是著名的罗森塔尔效应。

5

第五单元

学习与时间管理

一

子曰："由也，女闻六言六蔽矣乎？"对曰："未也。"

"居，吾语女。好仁不好学，其蔽也愚；好知不好学，其蔽也荡；好信不好学，其蔽也贼；好直不好学，其蔽也绞；好勇不好学，其蔽也乱；好刚不好学，其蔽也狂。"

（选自《论语·阳货》）

孔子说："仲由！你听过有六种品德，就会有六种弊端吗？"子路答到："没有"。

孔子道："坐下！我告诉你。爱仁德，却不爱学问，那种弊病就是容易被人愚弄；爱耍聪明，却不爱学问，那种弊病就是放荡而无基础；爱诚实，却不爱学问，那种弊病就是容易被人利用，反而害了自己；爱直率，却不爱学问，那种弊病就是说话尖刻，刺痛人心；爱勇敢，却不爱学问，那种弊病就是捣乱闯祸；爱刚强，却不爱学问，那种弊病就是胆大妄为。"

（选自杨伯峻《论语译注》）

二

子曰："德之不修，学之不讲，闻义不能徙，不善不能改，是吾忧也。"

（选自《论语·述而》）

孔子说："品德不培养，学问不讲习，听到义在那里，却不能亲身赴之，有缺点不能改正，这些都是我的忧虑啊。"

（选自杨伯峻《论语译注》）

学习目标

1 知识目标
理解学习的含义
掌握大学阶段学习的特点
领会常见的学习困扰及其优化措施

2 素养目标
理解学习的自主性、多样化
掌握学习的心理困扰及其调适的方法
自主探索学习心理的优化策略

心理科普

一、学习的本质与内涵

(一) 学习的内涵

"学习"一词古来有之,《论语》有言:"学而时习之,不亦说乎。"这里的学与习二字是分开使用的,分别代表不同的意思。学习作为一个词语最早出现在西汉《礼记·月令》:"鹰乃学习。"意思是雏鹰模仿老鹰飞行,这里的学,就是效仿,习是反复、重复和温习之意。宋代《毛积夫墓志铭》也提到学习:"稍长,亲师友,学习今古。"

西方学习理论可以简单地划分为学习的联结主义理论与学习的认知主义理论。联结主义理论认为,学习实质上是通过建立简单的联系而获得经验的过程,就是刺激与反应之间的联结,条件与动作之间的联结,或语义网络中节点之间的联结。在这种观点看来,当环境中的刺激和反应之间形成联结时,就会发生学习。这样的联结能根据刺激-反应之间配对的不同加工模型来形成,学习过程则是有机体在一定条件下形成刺激与反应的联系,从而获得新的经验的过程。认知主义理论则批判了联结主义忽视人的主观能动性的缺点,其核心观点是"学生是自己的知识的建构者",认为学习依赖人的主动参与。

此外,有人从哲学的角度思考学习的本质,认为学习"是使人成为主体并不断增强主体性的过程"。有人从教育学的角度提出,学习旨在"在历史的全面享有中实现个体的加速发展"。有人认为,"学习的本质就是六个字:感知、复习、记忆。"有人提出,"学习是劳动,学习是探索,学习是成长"。

按主流观点,学习是指个体在一定情境下,由于经验而产生的行为或行为潜能的持久性变化。这一概念包括以下内涵。

第一，学习是由经验引发的，是后天习得的。这里的经验（Experience）是动词，指个体通过活动作用于客观现实。经验可以是观察感知，也可以是参与性的体验和实践活动。学习是通过经验过程中人的主观建构，来习得行为或潜能。学习的发生有时需要大量的长时间的经验，比如某种技能的掌握；有时只需要一刹那的经验，如目睹一次事故从而树立起安全意识，进而长时间改变行为习惯。

第二，学习以行为或行为潜能的改变为标志。行为的改变往往是外显的，如学会骑自行车、学会解数学方程，都可以通过外显行为表现出来。有些学习尚不能通过明显的行为得到展现，但不代表学习没有发生。比如乘坐他人驾驶的汽车时将自己代入驾驶员角度进行观察，当时并未直接掌握驾驶技巧，但之后自己驾驶汽车时却能快速上手，这就是行为潜能的改变。

第三，学习引起的改变是持久性的。人在面对刺激时会产生行为改变，有些是非常短暂的，比如看完恐怖片后，看到某些物品感到害怕，但几天之后恢复正常，这就不是学习。又比如完成作业时全部照抄，对作业所考查的知识点看似瞬间掌握，事后却完全遗忘，这也不是学习。

（二）大学学习特征与目标

进入大学之后，学习的目标与要求与高中阶段相比有很大的变化。部分大学生可能还是会沿袭以往的学习方式或方法来投入学习，没有将知识学习与能力培养有机统一起来，导致学习效率不高，甚至对学习失去兴趣。因此，要对大学的学习特征与目标进行更加全面和客观的理解。

1. 职业性或专业性较强

职业性或专业性较强是大学学习与高中学习最显著的不同之处。高中仍是基础教育阶段，不分专业，而大学学习属于专业教育阶段，大学的专业也是大学生结合个人兴趣爱好和学科优势以及就业前景而自主选择的，因此在课程设置、教学内容、教学目标、教学安排以及培养目标上具有较大差异。一旦选择了相应专业，就必须对该职业领域及专业知识进行深入而全面的学习。需要指出的是，这种职业性与专业性不是排斥其他知识的学习，而是特指专业基础的重要性。

2. 学习方式的变革

大学生学习途径多种多样，除课堂外，还可参加专题讨论、社会实践、参观考察、文献查阅、见习实习、毕业设计、协会活动等。多彩的教学和教辅活动为拓宽大学生知识面提供了良好条件。在大学期间，记忆型学习方式只是其中之一，更多地需要结合专业特点，通过探究型、实践型学习方式来完成，具有研究、探索以及创新的性质，如撰写学术论文、调查报告等。

3. 强调主观能动性

大学生自主支配的时间较多，学习强调主动性。在教学以外的时间，授课教师、班主任、辅导员一般不对学生学什么、怎么学做具体规定，学生可根据自己的需要、兴趣、特点自主安排，充分利用教室、阅览室、图书馆、实验室等资源和场地进行学习。这也就需要学生有高度的学习自觉性和主观能动性。

二、大学生常见的学习心理问题及成因

学习对大学生的重要性毋庸赘言，下面从三个方面分析大学生常见的学习心理问题及其成因。我们应该意识到，这三个方面实际上是互相渗透、互相影响的。

（一）学习动机不足

学习动机是激发、维持并使学习行为指向特定目的的一种力量。学习动机的强弱影响学生学习的时间与频率、学习专注程度、学习的主动性等，直接影响最终的学习效果。学习动机过强或不足时都会出现问题，过强的学习动机可能引发学生的身心健康问题，但相对更普遍存在的问题还是学习动机不足。学习动机不足的人往往对学习表现出厌倦与逃避，成就欲望低，缺少理想抱负，学习目标不明确，其学业成就、作息规律和精神面貌都会受此影响。

大学生学习动机不足的原因首先跟学习任务有关。兴趣与成就感都能激发和维持较高强度的学习动机，反过来说，学生面对不感兴趣的学习任务时，学习动机会偏弱。此外，如果所学之物并非学习者天赋特长所在，事倍功半带来的低成就感又会进一步降低学生的学习动机，形成恶性循环。

其次，学习动机跟学习的目的有关。大部分人都能列举出不少听起来很正确的学习目的，例如增长知识、以后找个好工作、读研等，但能做到知行合一的人很少。许多人对于脱口而出的学习目的其实缺少切身体会，只是习惯了多年以来被安排好的学习生活，并在共同的价值观念下形成了学习的目的观。这样没有深刻感受的学习目的并不能激发足够强度的学习动机。

最后，学习动机跟学习环境有关。良好的学习环境包括适宜学习的物质环境和各种非物质环境。物质环境有宽敞明亮的教室、自习室、便捷的网络等。非物质环境包括学校的学风校风、教师的引领和同学的互相激励等。如果学习环境不佳，也可能导致学习动机弱。但环境的作用是辅助性而非决定性的，古今中外都有不少在恶劣的环境下坚持学习并取得很高成就的人。

（二）学习效率低下

效率是单位时间内完成的任务量，大学生的学习效率很大程度上受到心理因素的影

响。学习效率低下意味着时间的浪费和低学业成就，也由此影响学习动机和学习时的情绪。导致学习效率低下的原因是多重的，主要有以下几点。

1）学习者的知识结构。根据建构主义学习理论，学习是新知识与学习者原本知识结构之间发生顺应、同化等过程的行为，是通过学习者的主动建构，将新知识纳入知识结构当中。高度组织的知识结构能更高效地同化新知识，反之，如果学习者原本的知识结构不完整、缺少逻辑性，则不利于新知识的学习，表现为学习效率的低下。

2）元学习能力。元学习能力是关于学习本身的能力，是学习者对学习活动本身的认知与调控，对学习效率的影响很大。元学习理论认为一个会学习的学习者应具备如下能力：能够确立自己的学习目标；能够意识到不同的学习方法会产生不同的学习结果；能够意识到自己当前所用的学习方法，因此能监视自己的心理活动；能够从自己采用的学习方法所产生的结果中获得反馈信息，进一步评价自己的学习方法，因而能调节自己所采用的学习和行为方式；能预料事物的发展进程和结果，所以既能事先拟定学习计划，也能在执行计划的过程中依据反馈信息适当调整自己的学习计划。元学习包括对学习的计划、监控与调节。

3）学习策略。关于学习策略的定义与划分有很多，这里只包括认知策略与时间管理策略。认知策略指学习时采用的具体操作办法，如复述、联想、精细加工、组织等。时间管理策略则是指学习者如何决定学习顺序、安排学习进程、分配学习时间。

（三）学习心理状态

学习心理状态影响人的学习活动，积极的状态有利于学习活动的进行，反之将对学习产生阻碍。常见的表现如下。

1）焦虑。焦虑是常见的学习心理状态，尤其在面对难度较大、重要性较高、时限紧张的学习任务时最常出现。适当的焦虑是必要的，但严重的学习焦虑可能导致思维迟钝、记忆力下降、注意力涣散等不良后果，影响学习效果。

2）沮丧。沮丧情绪的出现往往由学习受挫引发，这种挫败感既可能来自学习任务本身，也可能来自与其他学习者的比较。沮丧情绪可能导致学习者降低学习动机，影响学习效率。

3）紧张。面对重要考试、课堂或讲座上公开发言等学习任务时，大部分学习者或多或少都会感到紧张。适当的紧张是有益的，能帮助学习者集中注意力，保持兴奋，快速进入状态，但过度紧张会影响学习者的思维和语言能力，使其发挥不佳。

三、大学生学习能力培养

（一）掌握学习策略

学习没有捷径，但有方法，即要掌握科学的学习策略。学习策略是指学习者在学习过程中积极适应个体信息加工过程,以提高学习效率的步骤或程序。

首先,要理解基本的学习策略。学习过程是一个信息加工过程,在此过程中涉及编码策略、提取策略和问题解决策略等内部心理活动,遵循从短时记忆到长时记忆,以及在新知识内部建立好新旧知识之间的联系等过程。其次,是具有辅助支持作用的学习策略,主要指一些外在可觉察的行为,比如做笔记、写评注、加标题、做摘要、在书上做标记等。再次,就是元认知策略,即对基本学习策略和支持学习策略的计划、监督、控制与调整过程,又称为学习的自我监控过程。学习者只有学会如何理解、如何记忆、如何学习,才能把握学习的主动性,提高学习效率。所以大学生在学习过程中要经常监控自己的学习风格、善用的学习方式、擅长的记忆通道、最佳的学习时段等,来达到最佳的学习效果。

另外,大学生要自主培养自我监控能力,学习中的自我监控是指学习者根据预期的学习目标与反馈信息,对自己学习活动的监察与调控的过程,能够向学习者提供有关认识活动的进展信息。在一定意义上,使用学习策略是为了进步,使用自我监控是为了监控这种进步。比如,哪些方面是自己学习中的强项,学习任务是否已经完成,学习质量评价与调整等。

(二) 时间管理策略与应用

相对中学生来说,大学生拥有更多可自由支配的时间。这意味着,大学生必须学会自己管理时间,均衡学习、实践以及娱乐时间。在大学校园里,大学生在时间管理方面存在一些普遍的问题,具体表现为计划性弱、管理效率偏低、时间安排不合理、不分事情优先级等。时间管理策略的应用有助于大学生更好地管理学习时间,下面介绍几种常见的时间管理策略。

1. "四象限"时间管理法

"四象限"时间管理法是按照事情紧急性程度和重要性程度的不同,将全部任务划分在四个象限中,如图5-1所示。

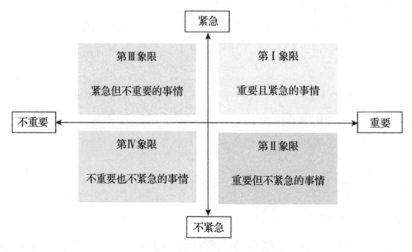

图5-1 "四象限"时间管理法

使用"四象限"管理方法请谨记：优先去做第一象限的事情；坚决不做第四象限的事情；设法摆脱第三象限的事情；积极投资第二象限的事情。

"四象限"法的首要原则在于："要事第一"。即我们应该花费更多时间去做最重要的事情，而非最紧急的事情。只有这样，才能取得更好的学习效果。

2．莫法特休息法

又称连续分段时间管理法，简单意义上就是说，将工作按照时间性质归类，接着代入"连续－分段－连续－分段"的"劳逸结合"公式中，对工作所进行的处理是利用时间的间隔期或空闲期，有效地创造出更多的个人支配时间，此种时间管理法本质上和农耕上的"间作套种"道理一样。

莫法特休息法的原理是基于人的大脑左右半球的差异性，左半球负责言语表达、平衡行动、分析数字概念、逻辑推理等功能；右半球则负责人的知觉、直觉、感情等能力。由此将工作分为两类，交替进行，就可以使人类左右大脑轮番休息，减少紧张感，缓解疲劳，集中注意力，有效完成工作。

3．ABC时间管理法

ABC时间管理法是一种针对事情重要程度划分的定量管理法。其中：A级为"重要类"事情，B级为"一般重要类"事情，C级则为"不重要类"事情。再按照二八分配原则安排时间，将80%的时间用来完成A类事情，剩余20%的时间分配给B类，C类事情完全不分配时间。类似的方法还有帕累托最优法，同样建议用80%的时间去完成占比仅为20%的重要事情。

心理实践与体验

一、心理测量

自主学习能力测试

这个测试共有18道测试题，建议同学们将答案写在一张纸上，方便进行统计分析。

1．对于冥思苦想解出的一道题，我通常会（　　）。

　　A．继续做下一道题或者休息一会

　　B．深入思考，关注解题的方法

2．上课记笔记时，我通常会（　　）。

　　A．用自己的理解记录

　　B．尽量记住老师讲的要点

3．在平时的学习过程中，我能够做到（　　）。

A. 完成老师布置的练习或作业

B. 自己做额外的练习或辅导

4. 对于在课堂上新学习的知识，我回到家通常会（　　）。

   A. 温习一下当天学习的内容，做相关的练习或作业

   B. 让自己身心放松一下，做自己感兴趣的事

5. 对于平时学习的知识，我认为（　　）最容易记住。

   A. 老师总结、归纳的内容要点

   B. 加之自己的理解，形成自己的知识

6. 在一般情况下，我的课本通常是（　　）。

   A. 标注出我认为是重点的内容

   B. 不涂抹标注，爱护得很好

7. 让我记忆深刻的知识，通常是（　　）。

   A. 我重复背诵的

   B. 我能理解的

8. 我记忆的标准通常是（　　）。

   A. 能够一字不差地默写出来

   B. 感觉了解内容并记住了

9. 对于上课老师所讲的内容，我通常会（　　）。

   A. 回家时，静下心来再背

   B. 课上尽量记住所学内容

10. 遇到自己难以理解的内容，我通常会（　　）。

    A. 开动思维，赋予其意义，以加深记忆

    B. 强读强记，将重要的学习内容记住

11. 对于学习时应处于的最佳状态，我更倾向于（　　）。

    A. 尽量跟着老师的讲课进度，完成老师布置的任务

    B. 自己定期对知识进行整理归纳

12. 在通常情况下，老师在课上讲的内容为（　　）。

    A. 每节课讲的内容很多，必须时时集中精神

    B. 内容不多，用心记重要的内容就行了

13. 对于平时学习的知识，我能够做到（　　）。

    A. 理解知识点，能够解决问题

    B. 牢记概念结论，能够熟记知识要点

14. 上课时，我认为"学会了"的标准通常是（　　）。

    A. 感觉自己掌握了

B. 完全复述出来

15. 我在上课时，能记住所学知识，取决于（　　）。
    A. 自己认真听讲，用心记忆
    B. 老师的讲课水平，是否能够吸引我的注意力
16. 对于平时的学习，我认为（　　）。
    A. 死记硬背具有一定的作用，在学习中可以采用
    B. 开动思维，难记的内容可以变得不难记
17. 放学后回到家，我习惯于（　　）。
    A. 空闲时在头脑中整体回顾一下当天学过的内容
    B. 让自己放松，以便第二天保持良好状态
18. 我的课余时间通常是（　　）。
    A. 做各学科的额外习题或练习
    B. 进行自己感兴趣的课外活动

按照表5-1中对应选项转换成相应得分，如第1题，选择A，得1分；选择B，得2分。

建议在进行分析之前，先做一遍这些题。此外，在做题的过程中，要尽力客观作答。作答越客观，结果也就越有意义。好了，如果愿意，现在请你再次作答这些问题，看看自己的作答结果是否一致！

表5-1 自主学习能力测试统分表

题号	1		2		3		4		5		6		7		8		9	
项目	选项	分数	选项	分数	选项	分数	选项	分数	选项	分数	选项	分数	选项	分数	选项	分数	选项	分数
积分方式	A	1	A	2	A	1	A	2	A	2	A	2	A	2	A	2	A	1
	B	2	B	1	B	2	B	1	B	1	B	1	B	1	B	1	B	2
得分																		
题号	10		11		12		13		14		15		16		17		18	
项目	选项	分数	选项	分数	选项	分数	选项	分数	选项	分数	选项	分数	选项	分数	选项	分数	选项	分数
积分方式	A	2	A	2	A	1	A	2	A	1	A	2	A	1	A	2	A	2
	B	1	B	1	B	2	B	1	B	2	B	1	B	2	B	1	B	1
得分																		

完成问卷，在依据问卷对自己进行分析之前，先要检验一下这个问卷的有效性。我们一起来看表5-2学习品质对照表。

表5-2 学习品质对照表

对应品质	强化重复		本质联结		表面联结		自我补充		选择重点	
题号	3	18	7	13	10	16	2	5	6	12
得分										
对应品质	有意记忆		适时强化		狭义完整		清晰记忆			
题号	9	15	1	4	11	17	8	14		
得分										

表5-2中罗列了9种学习品质,即强化重复、本质联结、表面联结、自我补充、选择重点、有意记忆、适时强化、狭义完整、清晰记忆。这9种品质实际上是常见学习方法实质作用的描述。每个品质下都对应两个问题,对于每个品质下的问题,你的一致性答案有多少个。比如对于"强化重复"而言,如果你两道题的得分都是1分或者都是2分,那么就属于一致性的结果。如果两道题的得分分别是1分、2分或者2分、1分,那么你的答案就是不一致的。如果这9种品质中,你的一致性答案大于或等于7种,那么就可以粗略说明,这个问卷对于你而言,有一定的适用性。否则,要么是这些题目本身存在问题,要么是你在作答中出现了问题。总之,一致性小于7种的问卷,参考意义就比较小,如果问卷结果有效,那么可以肯定,它将在某种程度上反映你现阶段的学习状况和学习成绩。

二、心理实践活动

(一)时间整理

请在表5-3中列举你必须要做的事情。

表5-3 必须要做的事情列表

	周一	周二	周三	周四	周五	周六	周日
6:00							
7:00							
8:00							
9:00							
10:00							
11:00							
12:00							
13:00							
14:00							

(续)

	周一	周二	周三	周四	周五	周六	周日
15:00							
16:00							
17:00							
18:00							
19:00							
20:00							
21:00							
22:00							
23:00							

注：此表可增加

填写完成后请回答以下问题。

问题1：完成必要任务的工作时间总和是多少？

问题2：观察这张日程表，有什么感受？

结论与分析如下。

分析1：如果你的空余时间较多，可以寻找一些你真正感兴趣的事情，并进行目标管理。

分析2：如果发现空余时间很少，那么你需要掌握一些技巧来管理时间。建议如下。

1）重要的事情先做，其他事情不予考虑。

2）精简任务，每次只专注一件事。不开QQ、微信等交流工具。时间管理的精髓不是多做事，而是明确真正要做的事情。

3）使用5分钟起步法。当感觉不在状态时，请坚持5分钟，也许就会形成一个良性循环。

4）化整为零。如果一件重要的事情需要花费较长时间，最好的办法就是每天都花15~30分钟的时间做这件事情，从而保证每天都在做这件重要的事情。

5）精力管理。训练自己做"短跑运动员"。评估自己的注意力时间，集中注意力学习，然后给自己时间休息和恢复。

（二）心理成长笔记

请仔细阅读以下材料，结合个人生活经验，就如何确立学习目标，优化对学习的元认知提出自己的观点（100字以上）。

不知不觉，假期已临近尾声，老师，这个假期读书了吗？

阅读,不仅是为了专业成长,也是生活趣味的来源。面对书本,我们不仅要"肯读",还要"啃读"。以"价值驱动"代替"任务驱动",新的一年,让我们为美好生活而读!在"全民阅读"和"终身学习"成为社会共识的今天,要让教师们体会到阅读不仅仅是自身职业所需,也是自己生活所求,以"价值驱动"代替"任务驱动"。读书,要"肯读",才能"啃读",我们要审视阅读价值,明晰路径选择。

朱熹把读书法概括为循序渐进、熟读精思、虚心涵泳、切己体察、着紧用力、居敬持志六条。陶渊明提倡"好读书,不求甚解,每有会意,便欣然忘食"的"会意"读书法。诸葛亮强调读书"观其大略"。苏轼采用"八面受敌"法读书。这些说明阅读需得法,要养成好的读书习惯。

持之以恒。没有人会否定阅读的重要性和紧迫性,但能持之以恒地坚持阅读的人却少之又少,这是为何?每一位教师都有着"想好""想学""想读"的朴素愿望,极少有自甘堕落和混一天算一天的教师,但由于缺乏自律和勤奋,有一部分教师渐渐地掩埋和消解了最初的那份美好愿望。教师作为职业人、家庭人、生活人、社会人,面临着抚育孩子、赡养老人、休闲娱乐、业余爱好、社会交往等外在干扰和诱惑,当定力不足和应对乏术时,进修、观摩、阅读、研究和反思等专业发展活动中就渐渐看不到他们的身影,即便是看到,也是"身在曹营心在汉"。

泛在学习。以生活为教材、以社会为课堂、以天地为学校的"泛在学习"已深入人心,"未来已来,泛在已在"已成为共识。现代教师要树立"泛学习""泛学校""泛老师"观点,即一切能促进我们进步的行为都是学习,一切能学习的场所都是学校,一切值得我们学习的人都是老师。欧阳修是"三上"(马上、枕上、厕上)均可读书,毛泽东选择在闹市中读书以培养自己的专注力,郭沫若在轮船上见无书可读就背诵字典,这些都说明"肯读"之人,是不受时间、地点和条件限制的。

在互联网时代,读书的形式也在"升级换代",你可以读纸质书,还可以网络读书,还可以听书。一本电子书在手,如同随身携带了一座小型图书馆。诚如鲁迅先生所说,"时间如同海绵里的水,只要你去挤总是有的"。你不必抱怨没有整块的时间让你读书,读书也可以化整为零,集腋成裘。当然,对于不想读书的人来说,你给他整天时间,他也未必愿意捧起书本来读。

批判阅读。"我思故我在",读书是为了丰富自己,成就自己,而非束缚自己,迷失自己。孟子说:"尽信书,则不如无书。"教师阅读要坚持批判性思维和扬弃精神。例如,我们在阅读卢梭的《爱弥儿》时,吸收"归于自然"的自然主义教育观的同时,也要防止滑向毫不干预和放弃作为的消极教育。同时,阅读不仅仅是汲取"观点"和"结论",还要看作者是如何去剖析和论证自己的观点的,对自己进行逻辑训练。深度阅读是改善碎片化思维的良药,教师阅读时,要追问:你在拼命吸收知识的时候,是否去体会到知识背后蕴藏的思想价值和思维方式?思想和思维就是你若干年后丢掉书本时还能留下来的东西。

如果你在学习中没有收获情感、价值、思想和思维，那就意味着你还停留在"技"的层面，还没有进入"道"的层面，今后的学习就难以进入到"庖丁解牛"时游刃有余、合乎桑林之舞的化境。"有思想，会思考"，才能走出"读死书，死读书，读书死"（陶行知）的泥淖，走进自觉而自由的境界。

读用结合。墨子把知识获取途径分为"亲知""闻知""说知"三种，孔子强调"学思结合"，王阳明强调"知行合一"，"读书"不如"用书"，这些都说明在学习过程中亲身实践、探究体悟、内省反思、主动建构等非常重要。陶行知强调"与其说'读书'不如说'用书'"，还强调"接知如接枝"，这意味着读书要从经验出发，要学以致用，学用结合。

教师在阅读时，要搭建理论与实践之间的桥梁，用理论指导实践，以实践印证理论。例如，阅读了霍华德·加德纳的《智能的结构》，就可以主动用多元智能理论去丰富自己的教育理论，改进自己的教育方法；阅读了马克斯·范梅南的《儿童的秘密——秘密、隐私和自我的重新认识》，就要学会尊重儿童和理解儿童，提升与儿童交流沟通的能力；阅读了珍妮特·沃斯和戈登·德莱顿合著的《学习的革命》，就要用于教学改进和学法指导，提高教学和学习的效益。当然，阅读学习不是汲取和模仿，而是改造和创新，作为教师要凝练和沉淀出自己的教育思想，就正如陶行知当初把杜威的"教育即生活"改造为"生活即教育"一样。

阅读表达的修炼。表达仅仅是一个输出过程吗？"输出即输入"，输出的最大价值不在于炫耀于别人，而是输入给自己。"学然后知不足，教然后知困。知不足，然后能自反也；知困，然后能自强也"，阅读中的输出与输入起相互激荡的推动作用。输出，不但有凝练和沉淀自己教育思想的作用，还会倒逼自己不断积累经验和汲取营养。

在"输出即输入"思想指导下，要形成阅读"三部曲"的习惯。第一步：勾画与批注；第二步：反刍与感悟；第三步：分享与交流。

坚持即时批注。灵感如同火花会一闪即过，如若不及时记载，就消失湮灭。批注，就是保留灵感火花，内化阅读所感，创新认知体系。所以，及时批注，不是为了表明你"阅读过"，更重要的是你"思索过"和"对话过"。批注式阅读即研究型阅读，体现了读者阅读时的主动性和主体性。批注式阅读的形式很多，包括勾画重点、褒贬点评、迁移联想、留存疑问、指导实践、整理思维、补缺补漏、仿写佳句等。

整理读书笔记。说到读书笔记，或者说读后感，很多人可能想到的是对学生的要求，把读后感视为检查督促学生阅读的手段，对老师就不必了。其实，这是一种对读书笔记或者读后感功能的误解。读书笔记，不但是文献整理和记载，便于今后撰写教育论文的文献检索和引用，更重要的是一个"反刍"和"印刻"的过程，让你对阅读的书籍和文章理解、记忆得更深。

（选自《教师阅读的价值审视与路径选择》）

你的心理观点（100字以上）：

心理老师观点

一、真相与目标之间

我们只有了解了事物本身的规律，才有助于解决相关问题。比如一个孩子很努力，但成绩只是中等，那我们需要帮他找原因，如果原因是学习方法问题，那就去改进方法，如果原因是这个孩子学习和反应速度很一般，他本身就需要付出更多努力才能取得好成绩，那么我们所要知道的是这个真相，这对他的学习成绩才是有帮助的。

比如，我不擅长运动，如果我不知道这个真相，我可能会认为自己可以像其他人一样，把去运动看成是件很容易的事情，每天自律地早起跑步后再去上班，然后开始美好的一天。但我是一个"夜猫子"，如果给自己制定目标是要早起跑步，我每天就要去想怎样才能每天6点起床跑步。这是做不到的，反而会增加自我谴责，认为自己的意志力很差，连这一点都做不到，当我开始自我谴责时，对其他擅长的事情也可能变得没有自信了。

所以，我们首先要揭示真相——真相是我本来就不擅长运动，了解了这个真相，就可以制定合理的目标，比如我如果想要运动，可以请教练帮助，或者约朋友一起运动来督促我，或者选择更适合我的运动时间，或者带上孩子们一起运动，这样会增加我的动力，从而增加了运动赋予我的独特意义，在这种情况下我能够做到出门去运动了，这就是我给自己制订的合理目标。

如果我认识不到这种客观情况，认为每个人的运动能力是一样的，运动要克服的困难是一样的，别人能做到的我也能做到，我也能像别人一样可以轻松做到，这种认识反而会对自己造成伤害。

比如我跟孩子说，每个人都能轻松地搞好学习。其实有些孩子的确需要付出比别人更多的努力，学习才能好，这时目标就要根据当下的情况去制定。就像我如果给自己制定一个高的运动目标，那就会因为不了解真相而耽误自己。所以我们想要问题能够得到真正的解决，就一定要揭示真相。

（湖南省株洲市中心医院心理门诊心理医师　何群群）

二、颠覆，才能改变根本

每个人的心灵也许就是一片田野。休谟是英国 18 世纪著名的经验主义哲学家。休谟去世前，曾将他的学生们带到一片田野前，问他们如何除掉田野中的杂草。有的学生回答用锄头，有的学生提出用火烧，还有的学生建议赶来一群牛羊吃掉即可。一年之后，学生们发现这些方法并不能去尽田野中的杂草。但休谟已经去世，他的学生们最终在他的书中找到了答案：由于杂草的生命力很强，要根除杂草，最好的办法就是在田野里种上庄稼。

也许，我们每个人的心灵也是一片田野。

（心理老师　刘爱华）

三、心理老师手记

过年的烦恼

心理求助

我是一名大学新生，只身一人来到一个陌生的城市来求学，非常想家。一个学期没回家，好不容易熬到放寒假，终于可以回家了。可是一到过年，我的父母总是让我去走亲戚，不管熟悉还是不熟悉，要么让我单独去，要么跟着父母一起去，其实我很不情愿去，因为很多亲戚我并不熟悉，关键是我的父母还要求我要懂礼貌，要多和他们聊聊天，我的内心是抗拒的，但又不得不去。请问面对这种情况我该怎么办呢？

咨询回复

同学，你好！感谢你的充分信任，愿意向我诉说你的苦恼。作为一名心理老师，我认为你的想法有一定的道理，事实上有很多大学生跟你一样，每到春节都要走亲访友，也存在类似的困惑。到后来不得不屈从于父母的要求，甚至与父母之间产生矛盾冲突。你向我提出这个问题是想表达你不愿意接受传统习俗和交流方式，这可能与我们在日常生活中缺乏传统文化教育与熏陶有关。

我们可以站在父母的角度去思考这个问题。其实我们都非常清楚，春节走亲访友是中国传统文化的体现。过年对于中国人来说有着独特的意义，对于长辈而言，走亲访友是必需的，所以一方面从传统文化角度传承习俗，另一方面适当"委曲求全"接受父母邀请，以一种尝试的态度来感受这种传统的习俗。

其实，在走亲访友中，我们既可以习得人情世故，也可以增进对家族的了解，同时也会激发对家庭和家族的责任感。总的来说，走亲访友虽然不是大学的必修课，但也许是你成长中的必修课。

（心理老师　欧阳娟）

想要被尊重，那么难吗？

心理求助

老师您好！我是一个敏感的大一女孩。我感觉自己跟周围的人有些格格不入，感觉自己好像怎么也融不进周围的圈子。不管自己说什么，大家（舍友）都几乎没有什么反应。我就想知道，怎样才能不会被人当空气一样对待，至少能得到别人基本的尊重，就像我自己对待她们一样，能照顾她们的感受和想法，能认真地倾听她们说话，给她们反馈和力所能及的建议。最近，我一直在想这个问题，有点压抑和烦闷，有时甚至会担心自己跟别人一样患上抑郁症。我该怎么办呢？

咨询回复

亲爱的同学，谢谢你的信任及来询！

我想说，你的苦，我也有感受。也许不必与你说道其他，与你分享自身的感受及经验便是。初入大学，我也曾如你般，努力去融入寝室；也曾如你般，时时关注关照周围人，发起组织话题等，想着付出定有收获和回报；当然，亦如你般，感受极差，陷入自我怀疑及否定。

然而，在我鼓起勇气向舍友们提出自己的感受、意见与困惑时，舍友们的反馈令我大感意外，也大有收获。我认定的别人无意与我交流，竟只是表达不畅、理解不清晰，大家不敢随意回应；我认定的不被尊重和照顾，竟是大家看我平常风风火火，甚为能干，不敢随意给我建议和意见；我认定的不够温暖和相互照顾，竟是大家都有的感受……生活有千面，人亦各不同，唯一相同的是，生活需要相互信任和支持，人与人之间需要有效的交流和沟通。你可要一试？

（心理咨询师　徐彬）

一、中国心理学家及其观点

墨子创立了墨家学派，现存《墨子》53篇，属于汉朝初年流传下来的墨家著作总汇，其中《经》《经说》等6篇涉及了不少心理学问题，提出了相应的看法。

"生，刑与知处也"，认为人的形体与感知、精神结合在一起才会表现出生命力，如果行知分开，二者缺一，人的生命力也就走向了完结。"知，材也""知，接也"，指"知"的心理功能是"材"所起的作用，人虽有知的功能，但还不一定能知，好比眼睛虽然能感知客体的颜色、形态和大小，但如果眼前没有事物，则仍然无法感知。"虑，求也"，"虑"的过程是一种较复杂、较困难的"知"，是一种更高水平的认知活动，它虽然是更高水平的间接认知过程，但有可能是没有收获的或不准确的认知。

墨子还提出，"无欲恶之为益损也，说在宜"，即既没有绝对有益的情感，也没有绝对有损的情感，情感的损益不取决于情感本身，而取决于人们对待情感的态度和使用情感的方式。墨子把"行"与"志"联系在一起，即把主观的"志"纳入到客观的"行"之中，"志行，为也"，并强调"志"要与"功"有正确的结合，他还提出"志不强者智不达"，意思是意志不坚强之人的认知与智力是不可能得到发展与提高的。

二、影片赏析

1. 中国影片：《钱学森》

《钱学森》是由西部电影集团有限公司与中国人民解放军总装备部电视艺术中心于2012年发行的一部人物传记电影。该电影主要讲述的是钱学森青年赴美、励志求学、涉险回国、建功立业的曲折人生。

电影真实还原了钱学森在美国生活及在加州理工学院实验室工作的场景。影片用艺术结合史实的手法，生动展现了钱学森传奇的一生。作为一部人物传记片，该片并没有采用一般人物传记片的叙事方式展开，而是撷取主人公钱学森生命中的几个重要片段展开叙事，在主题上着力表现了科学家的爱国情怀、出类拔萃的专业知识和对我国核研制的卓越贡献，在艺术上则充分运用了现代视听语言。

2. 外国影片：《实习生》

《实习生》是由美国华纳兄弟影片公司发行，由南希·迈耶斯执导，安妮·海瑟薇、罗伯特·德尼罗联袂主演的喜剧片。该片于2015年9月25日在美国上映。

该片讲述了本·惠科特在退休之后重返职场，成为朱尔斯·奥斯汀创建的时尚购物网站的实习生的故事。70岁高龄的本·惠科特年轻时是个事业有成的商人，退休后不甘寂寞重返职场，以高龄实习生的身份加入了朱尔斯·奥斯汀创办的时尚购物网站。一开始，本·惠科特与公司的年轻人显得格格不入，但是性格随和的他很快赢得了同事们的好感与信任。本·惠科特的老板朱尔斯·奥斯汀，年纪轻轻就背负了工作与家庭的重担，生活失去了平衡，连公司董事会也开始质疑她的工作能力。人生阅历丰富的本·惠科特帮助朱尔斯·奥斯汀重新认识自我，两人也从上下级发展为无话不谈的忘年交。在本·惠科特的帮助下，朱尔斯·奥斯汀最终战胜自身恐惧，勇敢面对现实。

三、书籍推荐

《曾国藩家训》(成晓军、唐兆梅编著)

该书根据曾国藩的家训、家书等史料编辑加工而成,从为人处干、从政治军、谨守家风、保养身心几个方面分类,并进行了注释、翻译和评析。在介绍曾氏家训内容的同时,重点引导今人借鉴吸取有益成分。

曾国藩,湖南湘乡人,清道光年进士,历任礼、兵、工、刑、吏各部侍郎,后授大学士。100多年来,各界对曾国藩的评价褒贬不一,但普遍认同其治家理论和方法,认为既充实具体,又亲切感人。

小贴士

耶克斯-多德森定律揭示了动机与活动效率之间的关系(见图5-2)。定律提出,人类的动机强度与活动效率之间呈倒U型曲线关系。动机过高或过低都会使活动效率下降,中等强度的动机才最有利于问题的解决。

根据任务的难易程度不同,动机的最佳水平会发生变化。对于比较复杂的任务,如考研,那么较低的动机水平更为有利。

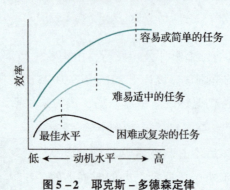

图5-2 耶克斯-多德森定律

6

第六单元

情绪表达与调适

怒不过夺,喜不过予。

(选自《荀子·修身》)

过,指过分,不超过常理或准则。夺,予,剥夺和赐予。谓予夺皆有各自的准则,应不受情绪的左右。

(选自王育颐《中国古代文学词典》)

矜伪不长,盖虚不久。

(选自《韩非子·难一》)

矜,自大,自夸。盖,掩盖。是说以伪情自夸,掩盖虚假,是不能长久的。

(选自王育颐《中国古代文学词典》)

学习目标

1 知识目标

了解情绪定义、构成与作用

掌握情绪 ABC 理论,理解不合理信念

了解调控与宣泄情绪的途径和方法

2 素养目标

认识情绪,纠正不合理信念

合理调节与宣泄情绪

调整情绪表达方式

心理科普

一、情绪的内涵与特征

(一) 情绪的含义

情绪(Emotion)源自拉丁文"e"(= out)和"movere"(= move)——"外"与"动",意思是从一个地方向外移动到另一个地方。新华字典把情绪定义为外界事物所引起的爱、憎、愉快、不愉快、惧怕等心理状态;心理学家黎柏(R. W. Leeper)把情绪定义为一种具有动机和知觉的积极力量,它组织、维持和指导行动。功能主义认为情绪是个体与环境意义事件之间关系的心理现象。我国学者孟昭兰(北京大学心理学系)认为情绪是生物性与社会性因素的交织,是先天与后天影响结合的复合心理组织与心理行为。

综合以上观点,情绪是人对客观事物是否符合自己的需要而产生的主观态度的体验。在日常工作、生活和学习活动过程中,当我们经历不同的情境时,会感受到不同的情绪。当客观事物或情境符合主体需要和愿望时,就会产生积极、肯定的情绪,如满意、欣慰、开心等,当客观事物或情境不符合主体需要和愿望时,就会产生消极、否定的情绪,如愤怒、悲痛、压抑等。

每一种情绪都会产生相应的主观体验、外部表现和生理唤醒三种成分。主观体验是个体对不同情绪和情感状态的自我感受,代表了人们不同的感受,构成了情绪和情感的心理内容,如受到惊吓而产生的惊恐与恼怒、遭遇失败后感受到的无助、悔恨等。外部表现包括面部、姿态、语调等,如快乐时手舞足蹈,开心时捧腹大笑,难过时皱眉流泪,以及相应的语调、语速、节奏变化。生理唤醒是指情绪所引起的生理激活状况,如瞳孔放大,血压升高、血管舒张与伸缩等。

人的情绪复杂多样，很难有确切的分类。据《礼记》记载，情绪有"七情"之分，即喜、怒、哀、惧、爱、恶、欲；《白虎通》则分"六情"——喜、怒、哀、乐、爱、恶。一般而言，研究者比较认同人类具有四种基本情绪，即快乐、愤怒、恐惧和悲哀。我国心理学家林传鼎从《说文》中找到 9353 个正篆，发现其中有 354 个字是描述人的情绪表现的，按照释义可分为 18 类，即安静、喜悦、恨怒、哀怜、悲痛、忧愁、愤急、烦闷、恐惧、惊骇、恭敬、抚爱、憎恶、贪欲、嫉妒、傲慢、惭愧、耻辱。美国心理学家伊扎德（C. E. Izard）从生物进化的角度，认为人的情绪可分为基本情绪和复合情绪。基本情绪是与生俱来、不学而能的，每一种基本情绪都具有独立的神经生理机制、内部体验和外部表现，并具有相应的适应功能。他采用因素分析的方法提出人类有 11 种基本情绪，即兴趣、惊奇、痛苦、厌恶、愉快、愤怒、恐惧、悲伤、害羞、轻蔑和自罪感。复合情绪有 3 类：第一类为基本情绪的混合，如兴趣——愉快、恐惧——害羞、恐惧——内疚——痛苦——愤怒等；第二类为基本情绪与内驱力的混合，如疼痛——恐惧——愤怒等；第三类是基本情绪与认知的结合，如多疑——恐惧——内疚等。

（二）情绪的基本状态

情绪是多样的，依据情绪发生的强度、持续性和紧张度，情绪可分为心境、激情和应激三种基本状态，不同的状态对我们的生活具有重要的意义，产生着不同的影响。

1. 心境

心境是一种微弱、平静而持久的带有渲染性的情绪状态，比如愉快、忧郁、恬静等。心境不是关于某种事件的特定体验，它具有弥散性的特点。积极的心境使人精神振奋，不良心境使人悲观、烦倦或消沉。某些心境可能持续几个小时，而某些心境可能持续几周、几个月甚至更长的时间。

2. 激情

激情是一种迅猛的、激烈的、有爆发性的情绪状态，比如狂喜、愤怒、恐惧、绝望等。在激情状态下，总伴随有剧烈的内部器官活动和明显的外部表现。人在产生激情时，对周围事物的理解能力和自制力显著降低，不能约束自己的行动，不能正确评价自己行为的意义与后果。

3. 应激

应激是在出乎意料的紧迫情况下所引起的高度紧张的情绪状态。应激能调动起身心各种潜力，以应付紧张局面。一方面可使人的心理活动得到激活，保持旺盛的精力，思想清楚、精确，动作机敏、准确，推动人化险为夷、转危为安、摆脱困境；另一方面也可能使人的活动处于抑制状态，注意力和知觉范围缩小，手脚失措、行动紊乱，做出不适宜的动作。

（三）情绪的特征

1. 多样化的体验感

情绪的体验感是多种多样的，虽然可以将情绪的体验大致分为正向与负向，或积极与消极，但即便同样属于正向或负向情绪，其体验依然是不同的。例如，沮丧与悲伤同属负面情绪，但具体感受不同，前者是灰心丧气带来的消沉与低能量，后者则是对失去或分离感到痛苦。

2. 差异化的强烈程度

情绪的强弱程度不是固定的。一方面，情绪会随时间变化而波动；另一方面，不同事件引发的情绪，其强烈程度存在差异性。

3. 外显性与内隐性共存

情绪很多时候会引发人的外显反应，例如表情和肢体语言的变化，行为也能体现出情绪特征，如高兴时手舞足蹈，悲伤时掩面而泣等。然而，并非所有情况下，情绪都会引发外显反应，有时人的情绪是内隐的，例如，人在重要场合隐藏内心的紧张情绪，强行表现得镇定。

4. 客观因素与主观因素同时影响

情绪受客观因素影响，尤其是强烈的情绪，大多由现实事件引发。但情绪同样受主观因素的影响，认知、意志、情感都能作用于情绪。例如，人存在负面情绪时，如果改变认知，可能会产生"我想通了，所以好受多了"的效果。

二、情绪健康

（一）情绪健康的表现

情绪会直接影响大学生的身心健康、学习和人际交往。大学生要正确认识情绪，保持情绪健康。

情绪健康主要体现在情绪的表达方式、情绪的反应程度和情绪的属性，具体表现为：①适当的表达方式，即能通过语言和行为相对准确地表达情绪，并能够采用被自己、他人和社会所接受的方式去表达或调节情绪；②情绪反应适度，即情绪反应的时间、强度与引起情绪的情境相符合；③积极的情绪多于消极情绪，情绪健康并不否认消极情绪的存在，但要善于控制和调节消极情绪，并能在一定程度上驾驭自己的情绪。从情绪的控制来看，对自己负责，对他人尊重、宽容、忍让，有较强情绪调控能力的人更加受到欢迎。

（二）消极情绪的损害性

积极情绪使人的大脑处于放松状态，促进人体内环境平衡，提高人体免疫力，增强大脑及整个神经系统的功能，使身体各个系统的活动协调一致，从而保持食欲旺盛、精力充沛、思维敏捷、动作灵活，人体适应环境的能力和自身的免疫力都会显著提高。而消极的情绪危害身体健康，长期压抑、悲伤和哭泣容易引起呼吸系统的疾病，甚至可能诱发癌症，研究表明，压抑愤怒与心血管疾病、高血压的发病率有着密切关系。具体来讲有以下几个方面。

1. 消极情绪与神经系统

心理活动不平衡，情绪低落，持续时间长，会影响到神经系统的功能。轻者有失眠及神经官能症，重者可以引起精神错落、行为失常。

2. 消极情绪与心脑血管系统

愤怒、焦虑会使心率加快、血压上升，使交感神经系统处于兴奋状态，久而久之会导致心脑血管机能紊乱，出现高血压和冠心病等，严重的可导致脑血栓、心肌梗塞。

3. 消极情绪与消化系统

长期的消极情绪，如忧愁、悲哀、痛苦等，使胃肠蠕动明显减慢，胃液分泌减少，胃肠机能受到严重的扰乱。如果这种状况持续下去，会造成胃炎、胃溃疡等胃肠疾病。

4. 消极情绪与内分泌系统

长期情绪不稳定，会造成内分泌功能加强，促使垂体后叶分泌增加，从而引起冠状动脉收缩，同时肾上腺皮质激素分泌增强，肾上腺分泌儿茶酚胺增多，易导致心肌缺血而猝死。

5. 消极情绪与癌症

长期心理紧张，情绪消极，会促使胸腺退化，免疫系统中具有最强抗癌能力的T淋巴细胞减少，以致体内免疫功能减退，容易诱发或加重癌症疾患。

三、大学生常见情绪困扰及自我调控

（一）大学生常见情绪困扰

作为一种独特的心理现象，情绪总是伴随着其他的心理活动展开的，给人以积极或消极的主观体验，从而影响着人们对于自己和当前生活状态的评价。大学生群体处于身心成长的关键期和过渡期，存在一定的情绪困扰，主要有以下几种。

1. 自卑情绪

自卑是自我情绪体验的一种形式，是个体在自我认识过程中对自己的能力或品质评价低，轻视或看不起自己，担心失去他人尊重的一种心理状态。这种情绪表现为对自己缺乏信心、思想消沉、情绪低落、回避交往、敏感多疑、谨慎小心。自卑情绪具有泛性的特点，即由某一方面的原因造成的自卑容易泛化到其他方面，进而对其他方面也失去信心。

自卑的人很敏感。他们很在意自己的短处和别人对自己的评价，常常将别人的一些无关言行看成是针对自己的，怀疑别人说自己的坏话，缺乏安全感。自卑的人也容易自我封闭，为了掩饰自己的短处，他们经常回避交往，将自己封闭起来，不愿参加集体活动，从而产生孤独感，容易形成自闭的性格。自卑的人还表现出退缩性，由于自卑，他们常常怀疑自己观点的正确性，在别人面前不敢发表和坚持自己的意见，忍让退缩，附和顺从，有的时候表现出争强好胜、清高自傲或过度自信，其实这种自负的实质就是内在自卑的表现。

2. 冷漠

冷漠是指人对外界事物冷淡退让、漠不关心、无动于衷的情绪体验。冷漠往往是个体遇到挫折后，自我逃避式的退缩性心理反应，是个体对付焦虑的一种手段，主要表现为对人怀有戒心，甚至敌对情绪，既不与他人交流思想感情，又对他人的不幸冷眼旁观、无动于衷，显得毫无同情心。

大学生产生冷漠主要有以下两个原因。第一，由于在生活中受人欺骗、暗算或因种种原因受人漠视、轻视甚至歧视，导致心灵创伤，在人际交往中戴上灰色眼镜看待人生，逐渐失去了应有的热情和同情心。第二，有的大学生思维方式片面，固执，心胸狭窄，耐受力差，过于内向。一旦他们在学习、生活、感情、择业中遭受挫折和失败并感到无能为力的时候，就会觉得生活没有意义，就具有强烈的空虚感，内心体验日益贫乏，不愿进行抉择和竞争，缺乏责任感和成就感，对人对事都漠不关心。

3. 焦虑

焦虑是个体对可能造成心理冲突或挫折的某种事物或情境产生反应时的一种不安情绪，并伴有忧愁、烦恼、害怕、紧张等感受交织而成的复杂的情绪体验，无谓的或过分的担忧是焦虑的实质。焦虑潜移默化影响一个人的精神状态、认知、行为和身体状况。被焦虑所困扰的大学生常出现烦躁不安、思维受阻、出汗、失眠等现象。

大学生在学习交友、恋爱、就业、社会适应等方面遇到的问题很多，焦虑在大学生这个群体中的发生率偏高。适度的焦虑有利于自我能力的发挥。只有当焦虑十分严重，影响学习和生活时，才成为情绪困扰。具体来说，大学生焦虑主要有以下几个方面。一是适应焦虑。指大学生因学习、生活适应困难产生的焦虑。这是在低年级大学生中比较常见的情况。生活环境和学习方式的转变造成他们对新环境、新的学习生活难以很快适应，因而引发各种焦虑反应。另外，大学毕业生也会由于担心能否顺利适应新的工作环境和社会环境而产生此种焦虑。二是考试焦虑。这是一种由于担心考试失败或渴望获得好成绩而产生的忧虑、紧张的心理状态。三是身体状况焦虑。大学生因学习紧张，可能使健康状况暂时下降，出现如疲倦、失眠等躯体化症状时而产生焦虑情绪。过分关注自己的健康状况的学生也会因为偶然的身体不适而怀疑自己身体有病，焦虑不安；或过分担心自己的形象不够理想，比如，体态过胖或矮小，进而引起焦虑。

4. 抑郁

抑郁表现为情绪低落，冷漠悲观，自责愧疚，郁郁寡欢，丧失学习和工作的兴趣及动力，干什么都打不起精神，不参加社会活动，故意回避交往，对生活缺乏信心。常伴有失眠、早醒、食欲不振等。一般来说，不爱交际、感情脆弱、自尊心强的大学生更容易产生抑郁的情绪。

5. 愤怒

大学生正处在热情高涨、激情澎湃的青年期，他们年轻气盛、血气方刚，往往好动，易动怒。因此，一旦客观事物与自己的主观愿望相违背，或愿望无法实现，行动受到限制时，他们内心就会产生一种强烈的情绪反应，愤怒不已。愤怒是大学生中常见的一种消极情绪，在愤怒发生时，自制力会减弱甚至丧失，思维受阻，行为冲动，常常因此而干出一些令人后悔不已的蠢事或造成不可挽回的损失。愤怒还常常会导致心悸、血压升高等生理上的不良反应。作为一种情绪，愤怒一般以沉默或者爆发的形式出现，但是这两种方式都不可取。

(二) 情绪的自我调控

丰富多彩的大学生活同时也给大学生带来很多压力，社会期望高、学习负担重、就业竞争激烈等都会使得大学生产生情绪的波动和负面情绪。情绪波动过大或者过于负面，会妨碍身心健康，影响到生活、学习和工作。因此，大学生必须正确认识自己的情绪，了解情绪调节的方法，有针对性地进行自我调节，做到有效的自我情绪管理。

1. 觉察情绪和接纳情绪

首先要觉察情绪的存在。生活中很多时候，情绪会伪装成身体不适，表现为心慌、心悸、胸闷等症状。我们应该将身体感觉和心理感觉区分开来，找出身体不舒服的根源是因为情绪，再采取对应方式进行处理。大学生要提高觉察情绪和识别情绪的能力，训练自己及时察觉自己的情绪变化。比如：探索情绪，可以找一个独处而安全的空间，大声地把任何感觉不加责备、不逃避地说给自己听；或者与专业人士沟通，寻求心理咨询，澄清自己的情绪。另外，对自己的过去进行探索，也能够清楚自己个人独特的内在反应模式及情绪反应的原因。

2. 合理的宣泄与放松

情绪有时候来了就不愿走，这时候可以通过适当的宣泄和放松来应对。主要有以下几种途径和方法。

1）倾诉法。这是最直接，效果也最明显的宣泄方法。当情绪比较糟糕时，可以找一个值得依赖的人或心理咨询师倾诉，对方的耐心倾听、理解、安慰以及情感支持都是一剂良药。倾诉的形式可以多样，电话、书信、日记、发朋友圈、发微博都是很好的倾诉形式。

2）音乐缓解法。音乐给人带来多重的感觉体验，可以影响人的行为节奏和生理节奏，引发各种不同的情绪反应。心情不佳时，戴上耳机听听音乐，随着或激昂或优美或欢快的音乐响起，情绪也慢慢平复。运用音乐缓解法时要注意选择好音乐类型，在忧伤的时候听听积极向上的音乐，在沮丧时听听激昂的音乐，而在焦虑时建议听听舒缓悠扬的曲子。

3）行为宣泄法。运动是最好的行为宣泄方式之一，不仅能够缓解压力，还能够分泌俗称"快乐物质"的多巴胺等多种神经递质，即使只是轻度运动，如慢跑、跳舞、瑜伽等，也有助于情绪的恢复。除此之外，逛街、购物、吃东西等都是宣泄的方式。不管采取什么样的形式，只要注意宣泄的对象、地点、场合等即可，而一些有损自己身心健康的方式，例如酗酒，并不是积极有效的宣泄方式。

4）哭泣法。流泪不但能释放不良情绪，调节机体平衡，还能排出毒素。在悲痛时大哭一场，可使情绪平静。相比之下，中国的传统观念所认为的"男儿有泪不轻弹"，把眼泪当作软弱的表现，这种观念从健康的角度来讲其实是不可取的。

3. 适当的认知调整

情绪是认知的结果或外在表现，即外在事物是否能引发相应的情绪，主要与我们的看法有关。此种理论认为，相关的诱发事件只是产生不良情绪反应的间接原因，直接的原因是对诱发事件的认知解释以及相应的价值观念，因此，不合理的信念是导致情绪产生的关键。比如，偶遇熟人，但对方没有与自己打招呼径直过去了，如果认为他可能正在想别的事情没有注意到自己，情绪就不容易波动；如果觉得对方是故意不理睬自己，就容易产生愤怒等不良情绪。两种不同的想法会导致两种不同的情绪和行为反应，所以说明情绪的产生与对事情的认知有关。

美国心理学家艾利斯（Albert Ellis）将以上观点概括称之为ABC理论，A代表诱发事件（Activating events），即引起不良情绪的事件。B代表信念（Beliefs），是指人对A的信念、认知、评价或看法，引起不良情绪的信念往往是不合理的、非理性的。C代表结果即症状（Consequences），诱发事件A不会直接引起症状C，A与C之间还有中介因素B在起作用，即是人对A的信念、认知、评价或看法。因此，对A的经验总是主观的，因人而异的，同样的A在不同的人身上会引起不同的C，这主要是因为他们的信念有差别，即

B 不同。换言之，事件本身的刺激情境并非引起情绪反应的直接原因。个人对刺激情境的认知解释和评价才是引起情绪反应的直接原因。

在日常生活中人们常常倾向于将自己或他人的不良情绪归因于客观事件，却忽视了真正起作用的内心信念。例如，一名没有考上重点大学的学生表现出消沉、沮丧、绝望。一般会认为这是由于没有考上重点大学这一客观事件引起的，但我们更应该看到的是信念体系在起关键作用。根据艾利斯的情绪 ABC 理论，这名大学生对于上大学有着不合理的信念，如认为自己怀才不遇；认为没有考上重点大学就是没有出息，没有前途，会被别人看不起等。因此，如果能帮助学生找出并改变这些不合理的信念，就能帮助他调整认知，逐渐形成契合实际、相对开阔和合理的人生态度。

心理实践与体验

一、心理测量

（一）焦虑自评量表

焦虑自评量表（见表 6-1）有 20 个反映焦虑主观感受的项目，每个项目按症状出现的频度分为 4 级评分，其中 15 个为正向评分，5 个为反向评分。根据中国常模结果，焦虑自评量表标准分的分界值为 50 分，其中，50~59 分为轻度焦虑，60~69 分为中度焦虑，69 分以上为重度焦虑。

表 6-1 焦虑自评量表

序号	症　状	等级				评分
1	我觉得比平常容易紧张和着急（焦虑）	1	2	3	4	
2	我无缘无故地感到害怕（害怕）	1	2	3	4	
3	我容易心思烦乱或觉得惊慌（惊恐）	1	2	3	4	
4	我觉得我可能将要发疯（发疯感）	1	2	3	4	
5	我觉得一切都很好，也不会发生什么不幸（不幸预感）	4	3	2	1	
6	我手脚发抖打颤（手足颤抖）	1	2	3	4	
7	我因为头疼、头颈痛和背疼而苦恼（头疼）	1	2	3	4	
8	我感到容易衰弱和疲乏（乏力）	1	2	3	4	
9	我觉得心平气和，并且容易安静坐着（静坐不能）	4	3	2	1	
10	我觉得心跳得很快（心悸）	1	2	3	4	
11	我因为一阵阵头晕而苦恼（头晕）	1	2	3	4	
12	我有晕倒发作或觉得要晕倒似的（晕厥感）	1	2	3	4	
13	我呼气、吸气都感到很容易	4	3	2	1	

(续)

序号	症　状	等级				评分
14	我手脚麻木和刺痛（手足刺痛）	1	2	3	4	
15	我因为胃痛和消化不良而苦恼（胃痛和消化不良）	1	2	3	4	
16	我常常要小便（尿意频数）	1	2	3	4	
17	我的手脚常常是干燥温暖的（多汗）	4	3	2	1	
18	我脸红发热（面部潮红）	1	2	3	4	
19	我容易入睡，并且一夜睡得很好（睡眠障碍）	4	3	2	1	
20	我做噩梦（噩梦）	1	2	3	4	

（二）抑郁自评量表

表 6-2 是抑郁自评量表，有 20 道题目，每一道题目后有 4 个方格，分别表示如下含义。

　　A：没有或很少时间（过去一周内，出现这类情况的日子不超过一天）。

　　B：小部分时间（过去一周内，有 1~2 天有过这类情况）。

　　C：相当多时间（过去一周内，3~4 天有过这类情况）。

　　D：绝大部分或全部时间（过去一周内，有 5~7 天有过这类情况）。

根据你最近一个星期的实际情况选择适当的方格。

表 6-2　抑郁自评量表

序号	项目	A 没有或很少时间	B 小部分时间	C 相当多时间	D 绝大部分或全部时间
1	我觉得闷闷不乐，情绪低沉				
2	我觉得不安而平静不下来				
3	我一阵阵地哭出来或是想哭				
4	我晚上睡眠不好				
5	我比平常容易激动				
6	我认为如果我死了别人会生活得更好些				
7	我发觉我的体重在下降				
8	我有便秘的苦恼				
9	我心跳比平时快				
10	我无缘无故感到疲乏				
11	我的头脑和平时一样清醒				

(续)

序号	项目	A 没有或很少时间	B 小部分时间	C 相当多时间	D 绝大部分或全部时间
12	我觉得经常做的事情并没有困难之处				
13	我觉得一天之中早晨最好				
14	我对未来抱有希望				
15	我吃得和平时一样多				
16	我觉得做出决定是容易的				
17	我觉得自己是个有用的人，有人需要我				
18	我的生活过得很有意思				
19	我与异性接触时和以往一样感到愉快				
20	平常感兴趣的事我仍然照样感兴趣				

二、心理实践活动

（一）团体心理辅导：七色彩虹

良好的情绪管理能力可以促进大学生身心健康，对调控人际关系和增强学习适应能力有着积极的推动作用。大学生群体广泛存在自卑、冷漠、焦虑、抑郁、愤怒等不良情绪，简单压制或粗暴释放是他们惯用的模式，严重损害身心健康。情绪管理不是要去除或压制情绪，而是要在觉察情绪后，调整情绪。

团体目标：客观理解情绪的功能，觉察与评估个体情绪，并了解其主要特点，掌握调节情绪的方法和技巧，学会管理情绪，构建愉悦心情。

团体性质：成长性、同质性。

领导者要求：初步掌握社会心理学、发展心理学、心理咨询的主要理论，具备一定的团体辅导技能的新生辅导员、新生班导师、高年级朋辈辅导员。

时间：120分钟。

场地：户外或团体心理咨询功能室。

活动环节参考：见表6-3。

表6-3 七色彩虹——情绪管理 团体辅导活动方案

活动名称	活动流程	所需时间
前言与热身	1. 领导者自我介绍，欢迎成员 2. 领导者就情绪管理做小型演说 3. 明确团体规范，简要说明团体方案的流程与安排 4. 全体成员围成一圈，伴随音乐，在领导者的带领下共同演唱《幸福拍手歌》，并做出相应的肢体动作 5. 领导者要求成员做简单的自我介绍，并贴上姓名胸牌	15~20分钟
冥想放松	1. 领导者就情绪对身心的影响做简单阐述，并说明接下来将进行初步体验 2. 指导成员躺在瑜伽垫上，放松肌肉 3. 播放舒缓音乐，请成员回想近一段时期生活中发生的事件，并注意自己情绪上的变化	10分钟

情绪填空	1. 领导者要求成员完成下列句子
	  1）最近让我感觉高兴的事情是_____。当时我的心情是_____，现在想起这些事，我的心情是_____
	  2）最近让我感觉不高兴的事情是_____。当时我的心情是_____，现在想起这些事，我的心情是_____
	  3）每当心情好的时候，我会觉得_____
	  4）每当心情糟的时候，我会觉得_____
	  5）我的心情总是_____
	2. 在领导者指引下，请成员选择1）~5）中的其中一项与其他成员分享不同情绪体验对个人生活、行为、健康的影响，了解自己的主导情绪
		15分钟

阴晴圆缺	1. 根据上一阶段的讨论，请成员写出自己曾经历的愤怒事件，当时自己的心情、生理反应、行为、后果、事后自己的感受 2. 成员间交流自己所写的内容 3. 领导者组织讨论：一是是否应该表达愤怒，二是应该怎样表达愤怒 4. 提供白板，请每位成员写下处理愤怒情绪最有效的两种方法	25分钟
匡扶正义	1. 发放自我情绪对话词条 2. 要求成员两人一组，认真听对方用不同自我情绪对话词条造句，一轮后，双方互换角色 3. 领导者指导成员分享不同发言对情绪和认知的影响	25分钟
美丽心情	1. 成员分别向大家介绍自己保持快乐心情的方法 2. 领导者组织成员讨论，鉴别各种方法的可行性 3. 领导者总结成员的讨论结果	25分钟
总结	1. 领导者引导成员分享3次团体活动的收获和体会 2. 领导者回顾团体参与讨论的历程，就情绪管理做小型总结，并对成员表达祝愿，希望其每天都有好心情	5~10分钟

（二）心理成长笔记

请仔细阅读以下材料，结合情绪理论知识及个体情绪体验，谈几点关于情绪调控的认识（100字以上）。

怀念李子勋 —— "没有痛苦的逼迫，人就无法到达幸福的彼岸"

问：心理学的普及能促进心理健康的提升吗？

李子勋：我理解的心理健康是指内心的接纳度，现实的适应度，人际关系的宽容度，再加上让自己快乐的能力。心理学给人带来的是一种不用依靠他人，不依靠环境，不依靠物质也能获得的自在之乐。

问：李老师怎么看"自我探索"？

李子勋："自我探索"变成了一个时髦的词语，现在市面上一部分流行的自我成长小组不能算是自我探索，只能算心理分析，或者用被篡改、误读的心理学语言去重新编译或构建我们的过去。

这样的自我探索充满着创伤感和悲切，尽管这样的探索背后有所谓的整合与治疗，但根据我的经验，"老师们"把更多的精力放在了"发现"你的问题上，把痊愈的责任更多地推给了你自己。这些自我探索激发了人们更多的负面情绪，增加了丧失感。

尽管这样的重新解构是对过去的重新解构，但是好景不长，新的语言诠释又会像枷锁一样让你失去被解放的滋味。"原生家庭"这个概念的过度解读是个典型情况。

问：人际关系冲突的根源是什么呢？

李子勋：我坚信人与人之间的矛盾大多来源于我们没有意识到个体阅历和他人阅历之间存在着差异。

问：你怎么看待死亡呢？

李子勋：死亡是一种存在，正如生是一种存在，不以人的意志为转移，过多思考死亡无异于浪费生命。很多声言看破生死、接纳死亡的人也许不知死亡为何物，只是用这样的心态隔离或者减轻对死亡的焦虑感。"假如生命还剩下一天，我会做什么？"这样的问题逼迫我们珍惜每一刻，不再花时间去恐惧死亡。

问：有时候，我会感觉很不快乐，对什么都提不起兴趣。

李子勋：有时候我们会感觉很困惑，仿佛失去了快乐的能力，其实最简单的办法是让你的躯体开心。当你善待自己的身体时，身体的舒服也会让你的心灵恢复平静。

问：当代人总会感觉自己很孤独，没朋友，李老师怎么看？

李子勋：人终究是孤独的，社交在某种心理层面上也是为了逃避孤独。一个人即使拥有众多好友，也依然摆脱不了孤独的煎熬。不喜欢或者不善于社交的人恰好是不太怕孤独的人，他们更能直面孤独与寂寞，自在地活着。

问：作为人，痛苦是不可避免的吗？

李子勋：放弃痛苦的人意味着也放弃了快乐，人要追求快乐，就要先去体验痛苦。人不是仅有物质的享受就可以快乐，快乐是个精神活动，只有精神活动才会给我们永恒的愉悦感。没有痛苦的逼迫，人不会到达幸福的彼岸。

问：我总是很在意别人的看法，李老师怎么看？

李子勋：心理学把关注别人的评价和看法，看成是一种通过压抑自我来寻求融入他人的能力，所以没有什么不好。当人成长到一定阶段，精神丰满了，与社会的适应也日趋完善了，知识和经验也让我们有了取之不尽的内在资源和动力时，别人的评价看起来就不那么重要了。

你的心理观点（100字以上）：

心理老师观点

一、如何理解不良情绪

情绪ABC理论能帮助我们理解情绪的产生、发展和变化，对情绪的本质有更深入的理解。针对大学生的情绪困扰，我们该怎么去解决它呢？

第一个问题就是如何去释放情绪。我们可以通过调节呼吸、冷处理，或者运动、购物、吃火锅、听音乐、写微博等多种方式来释放自己的情绪，这些都是比较行之有效的方法，也是大家所熟知的情绪表达方式。

第二个问题是我们如何去认识这样的情绪，如何从根源上去认识它？首先，我们可以这样看待自己的情绪：我们都是大学生，年龄在19～22岁之间，所以每个人都是不成熟的，每个人都有着不良的情绪，并伴随着相应的不太恰当的表达方式，因此对各自的要求不能过于苛刻。假设你的朋友或同学对你发火或者是对你没有采取恰当的情绪表达方式，请尽可能做到宽容，而这种宽容是相互的；其次，我们必须接纳自己的情绪，也就是说在成长的过程当中，有些问题暂时绕不开，也许情绪这个问题在很长一段时间内都不能很好地解决，那我们就可以让它伴随成长而存在，这其实也是被允许的，如果要求绝对不可以用不合理的方式来释放情绪，那么这种绝对化的要求也是一种非理性的信念；最后，我们要去识别自己的情绪，你目前的状态是不是由不良情绪引起的，也就是说，这是不是一个情绪管理的问题，这个问题也许只是一个虚幻的情绪问题，可能以情绪的方式掩盖了它的真实现状——有的时候，我们并不需要管理情绪，而是要管理时间，管理目标，踏踏实实地做一些有助于改变现状的事。所以，一定要学会识别自己的"伪"情绪！

（心理老师　刘爱华）

二、心理老师手记

说出情绪

为什么我的情绪说不出来？有时候只想摔门而去？

 咨询回复

有什么情绪，有什么想法，都可以说出来。

学会说出来。在我们成长经历中，有时候会经常看到一个习惯性的表达——摔门。我们父辈遇到问题了，一开始不说话，忍到一定程度，出门却把门一摔。在我们的成长经历中好像学到的就是摔门这种方式，于是也习惯于这种方式了，在很多的时候就想把门一摔来应对。

沟通的难在于习惯用从小学到的不太好的方式与人说话。尽管知道什么是好的方式，但没形成习惯，所以一开始会有些不自然，因此我们要有意识地做这件事情，也就是说要有意识地去觉察自己的情绪是什么，想法是什么，然后要琢磨应该用什么方式去跟对方说出来。

（湖南省株洲市中心医院心理咨询师　何群群）

我被妈妈误解

我是一名来自离异家庭的女孩，今年十九岁，在读大一。父母分开后，我一直跟随母亲生活，母亲收入不高，后来也没有成家，父亲住外地，后另成家。每年寒暑假我都会应父亲的邀请去玩，母亲也会同意。但是，每次我从父亲家回来，母亲就会情绪异常，经常和我吵架，说我嫌弃她没钱，心里只有父亲，这令我非常苦恼。一直以来我为父母离婚的事情承担得太多，觉得这已经超出我所能承受的范围，我真不知道今后该如何与母亲交流。

咨询回复

看得出你是一个善解人意的女孩，也许这么多年来，不知从什么时候起，就开始特别担心天各一方的父母亲是否能幸福快乐。你已经19岁，老师可以告诉你一个事实：处在你这个年龄阶段的每个年轻人，都正面临着与父母的冲突，你与你母亲的言语冲突，也许并不完全是因为你所认为的原因所引起的。老师还想大胆假设一下，也许你们的冲突不仅仅局限于你假期探亲的事情上，你们在很多事情的沟通上都好像出现了一些问题，是吗？

老师想问，你是否把冲突的原因过多简单地归结为父母的分开？或者过多地揽住了自己不应该承担也承担不了的责任呢？请认真思考。如果你的母亲是一个过于直率的人，那么请真正地在内心接纳她的不足，换种方式爱她也许比你试图改变她的性情来得容易。你已经长大成人，并接受了系统的教育，相信你会在与母亲的相处中逐渐找到更智慧的方式。

（心理老师　刘爱华）

延伸阅读

一、中国心理学家及其观点

东汉王充是我国古代著名的唯物主义哲学家和无神论思想家，著作颇多但留传下来的仅有《论衡》30卷，其中包含了许多有关心理学思想的论述。王充认为，"精神""精气""精"的含义是相通的，因而精气与心理是同义语，并进一步提出把心理活动与五脏联系在一起，"五藏不伤，则人智慧；五藏有病，则人荒忽，荒忽则愚痴矣"。王充充分肯定了聪明智慧随五脏活动的产生而产生，认识到了心理对于形体的反作用，"忧世念人，身体羸恶，不能身体肥泽"。王充提出，"巢居者先知风，穴居者先知雨""巧商而善意，广见而多记，由微见较"，说明了认识来源于感知与经验。他还总结出了感知心理方面的规律，如事物距离对感受性的影响、距离对速度感知的影响等。王充提出了情感与需要、期望之间的关系，"得则喜，不得则怒"，遭大旱之灾时，贫者扣心思雨，富者"何愁之有"。王充还描述了情感的巨大作用，"有水火之难，惶惑恐惧，举徒器物，精诚至矣，素举一石者，倍举二石。"

在《论衡》中，王充把"智"和"能"看作两个相对独立的概念，且都是在"才"的基础上形成起来的，所以"智"称为"才智"；而"智"和"能"都有一定的"力"表现出来，所以"智"可称为"智力"，"能"可称为"能力"，而"力"可以解释为

"效力、效率、力量"等。王充对"力"做了专门的考察,认为任何人、任何事都具有一定的力。"故夫垦殖草谷,农夫之力也;勇猛攻战,士卒之力也;构架所削,工匠之力也;治书定薄,佐史之力也;论道议政,贤儒之力也。人生莫不有力。""人有知学,则有力矣。文吏以理事为力,而儒生以学问为力""故博达疏通,儒生之力也;举重拔坚,壮士之力也。""故智能之士,不学不成,不问不知。""人才有高下,知物由学,学之乃知,不问不识。"

二、影片赏析

1. 中国影片:《有话好好说》

《有话好好说》是一部都市喜剧电影,于1997年5月上映。由张艺谋执导,姜文、李保田、瞿颖等主演。故事讲述的是青年赵小帅以奇特的方式,狂热地追求漂亮姑娘安红,而引发了一场诙谐幽默和极富社会意蕴的故事。

《有话好好说》是一部非常轻松的城市荒诞轻喜剧,节奏明快,通过一个从简单的吵架冲突发展到一个荒诞不经的境地的故事,表现了人在社会上难免有些矛盾冲突,而"有话好好说"不但是有效解决冲突的良好准则,也是共建社会和谐良方的主题。影片拍摄风格独特,导演张艺谋采用晃镜头的手法,力求将城市人的不安和内心的冲动表现出来,进而呈现出人物之间理性和非理性的冲突。该影片获第54届威尼斯国际电影节最佳影片金狮奖提名,李保田获第21届大众电影百花奖最佳男配角奖。

2. 外国影片:《撞车》

《撞车》是由保罗·哈吉斯执导,桑德拉·布洛克、唐·钱德尔、马特·狄龙等主演的犯罪题材影片。影片以多民族、多文化相互交融的城市洛杉矶为背景,讲述了由一起普通的撞车事故而引发的一系列种族歧视问题的故事。故事主题是美国社会的任何行为都会带上种族歧视的印记,这种现象是导致民间动乱的祸根。该片于2004年9月在加拿大首映。

在影片中,黑人电视导演和他的妻子,莫名其妙地因为莫须有的违章驾驶受到了白人警察的侮辱;看似该受到谴责的警察却在最危急关头挽救了那名曾遭他侮辱的黑人妇女;老实巴交的波斯商店店主,却差点谋杀了有着刺青的墨西哥修锁匠;地区检察官和他的妻子被抢吉普车后只能把怨气发泄到无辜的修锁匠身上;黑人警察在承受着上司威胁的同时还在焦急地寻找自己的弟弟。这一切看似无关的琐事,却在36小时内以一种出人意料的方式绞缠在一起。该片获得第78届奥斯卡金像奖最佳影片。

三、书籍推荐

《找寻心灵的家园》（刘铁芳著）

这本书中指出，在一个社会急剧世俗化的生存现实之中，一切神圣价值都可能招致鄙弃，金钱、欲望、享乐成为大众生活基本的意识形态。正因为如此，如何重新敞开个人神圣价值的路径，从而敞开个体人格张扬的可能性空间，为个体心灵寻找家园，是当下社会一个隐在却十分重要的关键性问题。我们从细小事物中窥探无限与永恒，在回望乡土中触摸历史的血脉，在细读经典中去仰望高贵的灵魂，以个体精神世界的不断攀升来救援自我荒疏的灵魂。

这本书是面向自我及心灵的写作。在日渐浮躁的时代与社会，要"紧盯内心的信念之光"，让自我生命多一份从容与豁达，避免日常生活的无序与庸常。一个人如何回归自我内心？需要一种历史情怀与文化意识，在历史渐行渐远的背景中读出生命的苍凉，不断地注视大地上的事情，同时关注个人的似水流年，一点点去感悟生命的真谛。

> **小贴士**
>
> **不合理的信念**
>
> 在生活中，人们的不合理信念广泛存在，具有绝对化的要求、过分概括化、糟糕至极的特点，具体如下。
>
> 1. 人应该得到生活中所有对自己重要的人的喜爱和赞许。
> 2. 有价值的人应在各方面都比别人强。
> 3. 任何事物都应按自己的意愿发展，否则会很糟糕。
> 4. 一个人应该担心随时可能发生灾祸；情绪由外界控制，自己无能为力；已经定下的事是无法改变的。
> 5. 一个人碰到的种种问题，总应该都有一个正确、完满的答案，如果无法找到这个答案，便是不能容忍的事。
> 6. 对不好的人应该给予严厉的惩罚和制裁。
> 7. 逃避、挑战与责任要比正视它们容易得多。
> 8. 要有一个比自己强的人做后盾才行。

7

第七单元

探秘校园人际交往

子曰:"君子不重,则不威;学则不固。主忠信。无友不如己者。过,则勿惮改。"

(选自《论语·学而》)

孔子说:"君子如果不庄重,就没有威严;即使读书,所学的也不巩固。要以忠和信两种道德为主。不要跟不如自己的人交朋友。有了过错,就不要怕改正"。

(选自杨伯峻《论语译注》)

子曰:"君子周而不比,小人比而不周"。

(选自《论语·为政》)

孔子说:"君子是团结,而不是勾结;小人是勾结,而不是团结。"

(选自杨伯峻《论语译注》)

学习目标

知识目标
人际交往的含义及影响因素
大学生人际交往的基本原则
常见的人际交往障碍及策略

素养目标
理解人际交往的心理原理
掌握人际沟通的基本原则与技巧
提高人际交往认识与水平

心理科普

人具有社会属性，每个人都不能离开群体而单独生存。可以说，人每天有大约 16 个小时的时间在进行人际交往，因此人际关系构成了人生的主要内容，每个人都是在复杂的人际关系中不断成长和发展的。

良好的人际关系使人获得安全感与归属感，促进个体发展与身心健康。培养良好的人际交往能力，不仅是大学校园学习和生活的需要，也是未来适应社会、发展事业的需要。可以说，人际关系的成败对人的影响超出了人们的预期和想象。

一、人际交往的内涵与功能

（一）人际交往的内涵

人际交往是个古老而又常新的概念，人的成长、发展、幸福生活都与人际交往密切相关，人际交往是人们重要的生活基础。现代汉语词典中，词条"人际"释为"人与人之间"，"交往"释为"互相来往"，组合起来看，人际交往就是人与人之间互相来往。

人际交往并不存在公认的定义，各个学科对人际交往的界定各有侧重。社会学强调社会关系，认为人际交往是人们在生产或生活活动过程中所建立的一种社会关系。心理学认为人际交往是人与人之间进行心理上的沟通，由此达到一定的认知，注重的是交往的心理状态和所建立的心理联系。语言学中交往是指人与人之间依一定规则进行的语言符号交流。管理学则强调能力，认为人际交往能力是指妥善处理组织内外关系的能力，包括与周围环境建立广泛联系和对外界信息的吸收、转化能力，以及正确处理上下左右关系的能力。

总而言之，人际交往是人与人之间的一种互动活动。具体而言，人际交往是指人与人之间通过一定的方式进行沟通，交流思想、沟通情感、传递信息，在心理和行为上相互作用并建立人际关系的过程。

(二) 人际交往的功能

每个人都渴望交往，人与人的交往具有重大价值与现实意义。

1. 建立和维持人际关系，增强社会适应能力

建立和维持人际关系是人际交往的基本功能，人们通过交往，同他人建立关系，而人际关系是需要经营与维持的。在与他人不断进行交往的过程中，人们能获得反馈，了解自己哪些想法和行为是受人欢迎的，哪些是不受人喜欢的，从而对自身进行调适。同时，通过人际交往，人们能增进对社会规则的了解，逐渐意识到集体与个人的关系，摆脱以自我为中心的想法，从而不断加强自我的社会适应能力。

2. 丰富生活，保障心理健康

人际交往一直是人们生活的重要部分。在闲暇时间，约上好友一起聚会是再寻常不过的事了。人际关系的存在使生活变得更加富有乐趣，同时也有利于人的心理健康。当人感受到孤独或压抑时，如果能与他人交往倾诉一番，这些负面情绪便能得到释放。而积极的情绪是可以影响他人的，如果跟乐观开朗的人在一起，自己也会受到感染，变得更加乐观。

3. 获取资源，助力人生发展

人际交往还是人们获取资源的重要方式。从其他人身上，我们能获取信息、知识、技能、人脉、资金等资源。俗话说，众人拾柴火焰高，互通有无对所有人都是有益的。现今社会发展程度越来越高，单打独斗难以适应复杂的社会环境，擅长人际交往的人才有更大的可能获得成功。美国著名人际关系学大师戴尔·卡耐基说："一个人事业的成功，只有15%是由于他的专业技术，另外85%要靠人际关系和处世技巧。"

二、人际交往的心理效应

(一) 首因效应

"首因"指第一印象。人与人第一次交往中给人留下的印象，在对方的头脑中形成并占据着主导地位，这种效应即为首因效应。在人际交往中，人们往往注意刚开始接触的信息，如对方的表情、身材、容貌等，而对后续接触到的不太注意，即所谓的"先入为主"，因此，在交友、招聘、求职等社交活动中，我们可以利用这种效应，在最开始展示给人一

种极好的形象，为以后的交流打下良好的基础。我们要进一步理解的是，第一印象所依据的信息是有限的，也不一定真实可靠。

（二）近因效应

在交往过程中，我们对他人最近、最新的认识占据了主体地位，例如，一个朋友总是让你生气，可是谈起生气的原因，大概只能说上两到三条，这就是一种近因效应的表现。首因效应与近因效应不是对立的，而是一个问题的两个方面。在对陌生人的认知中，首因效应比较显著，而对熟悉的人的认知中，近因效应比较明显。

（三）光环效应

在人际交往中，人们会因对方具有某一个特性而泛化到其他相关的一系列特征之上，根据局部信息形成一个整体的印象，这就是光环效应，也称晕轮效应。比如，当你对某个人有好感后，就会很难感觉到他的缺点存在，就像有一种光环在围绕着他，这种心理就是光环效应。"情人眼里出西施"也是光环效应的表现。在这种心理作用下，如果缺乏社会经验，就会较难分辨出好与坏、真与伪，容易因个人主观推测而做出以偏概全、以个别特征代替整体特征的认知判断。

（四）投射效应

投射效应最典型的表现就是把自己的想法强加在别人身人，比如，自己好客，就推测别人也是好客的；自己比较多疑，就推测别人也是多疑的。在日常生活中，以投射的方式去了解他人，犯错误的可能性是较大的，这是因为由己推人的主观方法很难获得对他人的客观认识。

有心理学家曾经做过这么一个实验：向被试学生询问是否同意背一个大牌子在校园内行走，结果愿意与不愿意的比例都接近50%。但让人感到意外的是，同意做这个行为的人认为大部分人会愿意做出这个行为；而拒绝做这个行为的人却认为，没有人会愿意做这样的傻事。很明显，这些被试者是将自己的态度投射到了其他学生身上，因此，千万不要"以小人之心度君子之腹"，不要疑神疑鬼，对某人存在偏见就以为对方对自己也有意见，这样就不利于人际交往积极地进行下去。

（五）刻板效应

刻板效应是经过两个途径形成的：一是直接与某人、某群体接触，将其特点固定化；二是由他人间接信息影响形成。这是因为人们习惯于把人进行机械的归类，把某个具体的人看作是某类人的典型代表，进而把对某类人的评价视为对某个人的评价，因而影响正确的判断。

刻板印象是一种偏见，人们不仅对接触过的人会产生刻板印象，还会根据一些不是十分真实的间接资料对未接触过的人产生刻板印象，例如，老年人是保守的，年轻人是爱冲动的；来自农村的同学认为城市同学见多识广，但比较精明或狡猾，而城市同学会认为农村同学见识不多，但老实忠厚，比较可靠等。刻板效应在人际交往中既有利也有弊，从积极的一面来讲，有助于我们对他人有一个概括性的了解，但从消极的一面而言，刻板印象抹杀了个别差异，有可能造成认知上的偏差，如同带上了有色眼镜，使人们做出错误的判断，从而不利于进一步交往。

三、大学生人际交往的特点

大学生正处于从学校走向社会的过渡时期，在走向成熟但又未真正成熟的阶段。校园相对单纯的内部环境和社会相对复杂的外部环境交织在一起，组成了大学生所处的特殊环境。大学生人际交往具有如下特点。

（一）交往目的单纯

大学生的人际交往目的相对单纯，许多交往行为都是从个人喜好出发，而非出自功利性目的。相当一部分大学生认为，朋友最重要的是互相关心、真诚相处。朋友的主要作用是陪伴，上课吃饭不用一个人，闲暇时间可以和朋友一起度过，遇事有可以交流的人。也因此，大学生与朋友相处时比较敏感，对朋友的言行要求高，有时一点小事也能引发争吵，是以知心好友的标准来衡量所有的人际交往，存在理想化的倾向。

（二）追求平等交往

大学生主动交往的对象大多是身份、阅历、思想都相近的同龄人，且交往不带太多功利性色彩，由此形成的交往关系相对平等。此外，大学生处于职业生涯的准备阶段，对未来有着无限想象，心气比较高，因此更追求平等的交往关系。这是理想化的表现之一。

（三）途径多样化

大学生具备较为丰富的文化知识，接受新事物的能力强，人际交往的途径多样化，如网络交友。在传统的交往方式以外，当代大学生善于利用互联网参与社会交往的各项活动。一方面，通过QQ和微信进行日常沟通交流。另一方面，互联网提供了多样化的个性展示平台，能够通过微博、知乎、抖音、豆瓣等平台发布个人动态，发表观点，上传图文视频信息，从而与信息接收者互动，形成具有拓展性的人际交往网络。此外，一些专门的社交软件也受到大学生的追捧。

（四）交往内容丰富

大学生处于集中学习阶段，精力充沛、思想活跃，聚集在一起自然而然会对各种自然现象和社会现象进行讨论，其交流内容涉及专业知识、政治、经济、历史、文化等许多领域。大学生来自全国各地，地域文化差异也会增强人际交往内容的丰富性。与此同时，大学生对世界的探索欲较强，一旦结伴，更容易尝试体验各种新奇活动。

四、大学生人际交往能力提升策略

大学生精力充沛,思维活跃,人际交往的意愿比较强。但以往的成长环境比较简单封闭,始终以升学为主要任务,人际交往能力未得到充分锻炼,有时会影响人际交往的顺利进行,以下策略有助于提升大学生人际交往能力。

(一)遵循人际交往原则

1. 平等原则

大学生追求平等的人际关系,但是在具体的交往过程中,由于心智尚未完全成熟,许多大学生习惯以自我为中心,容易膨胀,得意忘形、失意丧志的情况并不少见。这种心态一旦在与他人交往时表现出来,很容易让对方反感,从而影响人际关系。

2. 诚信原则

诚信包含两方面意思,一是真诚,二是守信。在人际交往中,真诚是建立关系的敲门砖,守信则是长久维持关系必须遵守的原则。大学生相对单纯,也因此,大学生对隐瞒、欺骗等不真诚行为的容忍度低。同时,失约失信的行为会让大学生感到不被重视,同样严重影响人际关系。在具体的生活场景里,会遇到很多不诚实、不守信的事件或人,这无疑会增进大学生的阅历,但也有可能会对大学生产生负面的影响。但是,诚实守信是不变的原则,不能因对方的失信而放弃自己做人的原则,即所谓不忘初心。从长远看来,诚实与守信会铸就优秀品格,是个体人生之路不可或缺的珍品。

3. 互惠原则

俗话说,"来而不往,非礼也。"我国传统文化一直讲究礼尚往来,只有单方获利的人际关系难以长久。要全面理解"利"的含义。"利"不仅指物质交换之"利",还有情感交流、精神升华之"利"。这种互惠不仅仅是物质的,也是精神的,交往双方都应该积极主动地关心对方,付出情感,才能长久维持良好的人际关系。

4. 宽容原则

精准的人际交往在现实生活中并不存在,每个人会因认知、情绪、人格、能力的差异,形成不同的人际认识与行为,因此人际交往从一开始就是存在缺陷的,不能苛求完善的人际交往模式。宽容原则也同样适用于自己,一个人的人际交往模式是需要不断完善和提升的。

(二)提升人际交往技巧

1. 言语技巧

在人际交往中,言语技巧的使用至关重要。"良言一句三冬暖,恶语伤人六月寒。"与他人相处时，应多夸赞对方，善意的言语是拉近距离、提升好感的有力武器。合适的称呼也非常关键，能带给对方亲切感与尊重感。清晰流畅的表达、礼貌的措辞能让对方乐于与你交流，而适当的沉默和倾听同样是重要的言语技巧。

2. 行为技巧

言行举止，除了言语，行为技巧在人际交往中也起着重要作用。人们建立关系常以一次友善的握手开始，球场上与队友击掌庆祝得分，吃饭时顺手帮同伴取双筷子，这些行为不经意间都能增进友谊，加强人际关系。人际关系的维系也依靠行为，朋友相处应保持一定频率的行为互动，如每隔一段时间，邀约朋友一起吃饭，或共同游玩，看电影，唱歌，聚会等。不方便见面时，也可以通过电话、微信等方式交流。

3. 情绪情感技巧

与朋友相处，要善于表达情绪和情感。积极的情绪情感可以使对方产生正面反馈，即便是表达消极的情绪情感，有时也能促进人际关系。例如，存在沮丧、难过等情绪时，向朋友表达，朋友给予陪伴、开解，友情便能得到增进。在此基础上不断调整交往方式，能使人际关系长久维持在良好状态。

（三）克服人际交往障碍

1. 自卑与冷漠

自卑是一种自认为不如他人的不良心理，存在自卑心理的人往往会抗拒人际交往，自我孤立。克服自卑的关键在于调整认知，正确认识自我，发现自己的长处，进行自我肯定。而冷漠是一种性格特质，主要表现为对人和事都漠不关心，在行动上也存在迟疑与逃避，这种模式是不能被大多数人所接受的，需要突破内心的障碍，勇敢尝试，积极训练。

2. 敏感与狭隘

人际交往中，敏感的人很容易过分关注细节，对他人的言辞和举动进行过度解读，从而产生误解。狭隘则是指内心包容性弱，要求高，待人严苛。这两种心理特征对人际交往都产生阻碍，容易失去朋友。克服敏感的重点是学会正确识别信息，同时加强沟通，学会听取他人意见和建议。狭隘往往来自见识和经历的不足，改变的办法是加强学习，增进对世界的了解，逐渐打开心胸，学会包容他人。

心理实践与体验

一、心理测量

人际关系综合诊断量表

人际关系综合诊断量表（见表 7-1）共 28 个问题，每个问题做"是"（打√）或

"非"（打×）两种回答。"是"计1分。请你根据自己的实际情况如实回答，答案没有对错之分。人际关系综合诊断量表–计分表见表7–2。

表7–1　人际关系综合诊断量表

题号	项　目	计　分
1	关于自己的烦恼有口难言	
2	和生人见面感觉不自然	
3	过分地羡慕和妒忌别人	
4	与异性交往太少	
5	对连续不断的会谈感到困难	
6	在社交场合容易感到紧张	
7	时常伤害别人	
8	与异性来往感觉不自然	
9	与一大群朋友在一起时，常感到孤寂或失落	
10	极易受窘	
11	与别人不能和睦相处	
12	不知道与异性相处时如何适可而止	
13	当不熟悉的人对自己倾诉他的生平遭遇以求同情时，自己常感到不自在	
14	担心别人对自己有什么坏印象	
15	总是尽力使别人赏识自己	
16	暗自思慕异性	
17	时常避免表达自己的感受	
18	对自己的仪表（容貌）缺乏信心	
19	讨厌某人或被某人所讨厌	
20	瞧不起异性	
21	不能专注地倾听	
22	自己的烦恼无人可倾诉	
23	受别人排斥，被冷漠对待	
24	被异性瞧不起	
25	不能广泛地听取各种各样的意见、看法	
26	自己常因受伤害而暗自伤心	
27	常被别人谈论、愚弄	
28	与异性交往不知如何更好相处	
合计		

表7-2 人际关系综合诊断量表-计分表

	题号/计分						
一	题号	1	5	9	13	17	21	25
	计分							
二	题号	2	6	10	14	18	22	26
	计分							
三	题号	3	7	11	15	19	23	27
	计分							
四	题号	4	8	12	16	20	24	28
	计分							

测量分析：

（1）总分是0~8分，说明你在与朋友相处上的困扰较少。你善于交谈，性格比较开朗、主动，关心别人，你对周围的朋友都比较好，愿意和他们在一起，他们也都喜欢你，你们相处得不错。而且，你能够从与朋友相处中得到乐趣。你的生活是比较充实而且丰富多彩的，你与异性朋友也相处得比较好。一句话，你不存在或较少存在交友方面的困扰，你善于与朋友相处，人缘很好，获得许多的好感与赞同。

（2）总分是9~14分，说明你与朋友相处存在一定程度的困扰。你的人缘很一般，换句话说，你和朋友的关系并不牢固，时好时坏，经常处在一种起伏波动之中。

（3）总分是15~28分，说明你在与朋友相处上的行为困扰较严重，分数超过20分，则表明你的人际关系困扰程度很严重，而且在心理上出现较为明显的障碍。你可能不善于交谈，也可能是一个性格孤僻的人，不开朗，或者有明显的自高自大、讨人嫌的行为。

以上是从总体上评述你的人际关系。下面将根据你在每一横栏上的小计分数，具体指出你与朋友相处的困扰行为及其可资参考的纠正方法。

记分表中"一"横栏上的小计分数，表明你在交谈方面的行为困扰程度。题号：1、5、9、13、17、21、25。

- 如果得分在6分以上，说明你不善于交谈，只有在极需要的情况下你才同别人交谈，无论是愉快还是烦恼你总难于表达自己的感受；你不是个很好的倾诉对象，往往无法专心听别人说话或只对个别的话题感兴趣。

- 如果得分在3~5分，说明你的交谈能力一般，你会诉说自己的感受，但不能讲得条理清晰；你努力使自己成为一个好的倾听者，但还是做得不够。如果你与对方不太熟悉，开始时你往往表现得拘谨与沉默，不大愿意跟对方交谈。但这种局面一般不会持续很久。经过一段时间的接触与锻炼，你可能主动与同学搭话，同时这一切来得自然而非造作，此时，表明你的交谈能力已经大为改观，在这方面的困扰也会逐渐消除。

- 如果得分在0~2分，说明你有较高的交谈能力和技巧，善于利用恰当的谈话方式来交流思想感情，因此在与别人建立友情方面，你往往比别人获得更多的成功。这些优势不仅为你的学习与生活创造了良好的心境，而且常常有助于你成为伙伴中的领袖人物。

记分表中"二"横栏上的小计分数，表示你在交际方面的困扰程度。题号：2、6、10、14、18、22、26。

- 如果得分在6分以上，则表明你在社交活动与交友方面存在着较大的行为困扰。比如，在正常集体活动与社交场合，你比大多数伙伴更为拘谨；在有陌生人或老师的场合，你往往因感到更加紧张而扰乱思绪；你往往过多地考虑自己的形象而使自己处于越来越被动、孤独的境地。总之，交际与交友方面的严重困扰，使你陷入"感情危机"和孤独困窘的状态。

- 如果得分在3~5分，则表明你在被动地寻找被人喜欢的突破口。你不喜欢独自一个人待着，你需要与朋友在一起，但你又不太善于创造条件并积极主动地寻找知心朋友，而且，你生怕主动后的"冷"体验。

- 如果得分低于3分，则表明你对人较为真诚和热情。你的人际关系较和谐，在这些问题上，你不存在较明显、持久的行为困扰。

记分表中"三"横栏的小计分数，表示你在待人接物方面的困扰程度。题号：3、7、11、15、19、23、27。

- 如果得分在6分以上，则表明你缺乏待人接物的机智与技巧。在实际的人际关系中，你也许常有意无意地伤害别人，或者你过分地羡慕别人以致在内心妒忌别人。因此，一些同学可能回应你冷漠、排斥，甚至是愚弄。

- 如果得分在3~5分，则表明你是个多侧面的人，也许可以算是一个较圆滑的人。对待不同的人，你有不同的态度，而不同的人对你也有不同的评价。你讨厌某人或被某人所讨厌，但你却极喜欢另一个人或被另一个人所喜欢。你的朋友关系某些方面是和谐的、良好的，某些方面却是紧张的、恶劣的。因此，你的情绪很不稳定，内心极不平衡，常常处于矛盾状态中。

- 如果得分在0~2分之间，表明你比较尊重别人，敢于承担责任，环境适应性强。你常常以你的真诚、宽容、责任心强等个性获得众多的好感与赞同。

记分表中"四"横栏的小计分数表示你跟异性朋友交往的困扰程度。题号：4、8、12、16、20、24、28。

- 如果得分在5分以上，说明你在与异性交往的过程中存在较为严重的困扰。也许你存在着过分思慕异性或对异性持有偏见的情况。这两种态度都有片面之处。也许这是因为你不知如何把握好与异性交往的分寸而陷入困扰之中。
- 如果得分是 3~4 分，表明你与异性交往的行为困扰程度一般，有时可能会觉得与异性交往是一件愉快的事，有时又会认为这种交往似乎是一种负担，你不懂得如何与异性交往最适宜。
- 如果得分是 0~2 分，表明你懂得如何正确处理与异性之间的关系。你可能是一个较受异性欢迎的人，多数人都较喜欢你和赞赏你。

二、心理实践活动

（一）团体心理辅导：沟通，改变生活（上）

人际沟通是大学生成长成才的必修课，是不可回避的成长任务。在日常生活中，大学生群体总会遇到一些冲突型的人际交往情景，事后可能体会到，也许双方都有不可言说的理由，所以有了不适宜的人际交往行为。尽管大学生都已经有了一定的人际交往素养，但有待进一步培育和提升。

团体目标：促进成员分享人际困惑，具体化自我与他人评价指标。培养和形成对他人的兴趣与关注，学会赞扬。促进改善成员人际沟通经验与记忆，增强彼此信任。

团体性质：成长性、同质性。

领导者要求：初步掌握社会心理学、发展心理学、心理咨询的主要理论，具备一定的团体辅导技能的新生辅导员、新生班导师、高年级朋辈辅导员。

时间：120 分钟。

场地：户外或团体心理咨询功能室。

活动环节参考：见表 7-3。

表 7-3　沟通，改变生活　团体心理辅导活动流程（上）

活动名称	活动流程	所需时间
前言	1. 要求成员关掉通信工具，寄存随身物品，轻便着装，组织成员坐成两排，领导者坐前方 2. 领导者自我介绍，欢迎成员，介绍团体规则 3. 领导者针对人际交往的意义做小型演说，并肯定参与成员主动参与与勇敢面对 4. 领导者针对团体主题、目标及活动的时间、地点、次数、方式做小型演说	5~8 分钟
热身	1. 领导者说明，为了消除彼此的陌生感，或为了体验不一样的曾经熟悉的陌生人，将进行一系列的热身活动 2. 热身列举：成员成队列或圈，为前面的人按摩双肩，然后转方向，继续按摩放松 3. 热身列举：围成一个圈，手挽手，听领导者口令，要求做前、后、左、右的反方向脚步移动动作，难度不断增加，频率不断加快，直至每个成员活跃起来为止	8~10 分钟

（续）

活动名称	活动流程	所需时间
连环 自我介绍	1. 指导成员围成圈坐下，考虑圈的完整性与流畅性 2. 要求成员做第1轮自我介绍，介绍内容包括姓名、年龄、籍贯、专业、兴趣爱好 3. 要求成员做第2轮自我介绍，并附加上前一个成员的姓名信息，示范：我是坐在来自××地方的×××旁边的×××，我出生在××，今年×岁，喜欢××× 4. 发放胸牌 5. 要求邻座的两位成员相互写下对方的姓名，填写对方的兴趣标签 6. 要求熟知邻座成员的姓名。领导者叫出1名成员姓名，邻座的两位成员必须起立，违者处罚 7. 处罚方式列举：10秒奔跑外圈、摆姿势、大声呼救、学动物叫等，排除唱歌、跳舞	25~30分钟
我的心愿	1. 领导者总结上一阶段的情况，对成员的积极参与和表达表示肯定 2. 领导者重申团体目标，鼓励引导成员讲自己人际交往中的"1+1"，即一个困惑和一个愿望 3. 领导者视情况做示范，成员讲述时，要进行团体干预，如连接、概括、具体化、中断等	15分钟
20个我	1. 领导者发放纸和笔，要求成员写出20个由"我"做主语的句子，尽可能将自己描绘出来。描写范围包括性格、兴趣、爱好、特长、困惑、经历等 2. 写完后领导者鼓励或指定成员发言，就写下的一些"我"用语言表述出来 3. 成员在论述过程中，领导者引导其他成员参与讨论，寻求共同点 4. 领导者总结人际关系中"我"的多样性、主观性、情境性 5. 领导者要求成员补充"我"的句子，巩固更多积极的自我认识	15~25分钟
心有千千结	1. 领导者要求成员起立，围立成圈，手拉手，但彼此之间有一定的距离 2. 要求成员记清楚自己的左右手抓住的人 3. 松开手，向圈中心随意走动10秒 4. 领导者叫停，所有成员不许动，并找到原来自己左右方向的人，牵住对方的手 5. 要求成员在不松手的情况下，围成原有的圈状 6. 解围成功后，领导者带头鼓掌表示庆贺	10分钟
优点轰炸	1. 领导者指导成员盘腿坐下 2. 领导者就如何发现自我与别人的优点做小型演讲 3. 领导者鼓励或指定成员坐在圆圈中央，接受团体成员的优点点评 4. 领导者视情况做示范，成员讲述时，要进行团体干预，如连接、概括、具体化、中断等 5. 领导者要求成员补充"我"的句子，巩固更多积极的自我认知	25分钟
总结	1. 领导者总结成员参与发言表现 2. 领导者组织拍3张不同姿势的集体照 3. 领导者告知下次团体活动的时间与要求	5分钟

(二) 心理成长笔记

请仔细阅读以下材料，结合个人生活经验，就如何认识人际关系，处理人际关系难点提出自己的观点（100字以上）。

"君子周而不比，小人比而不周。"我倾向于一种简单和顺口的翻译：君子团结而不勾结，小人勾结而不团结。不管怎么翻译，这是在说君子应该如何处理人际关系的问题。其实，很多人明白了大原则，却不见得能具体处理。有很多君子，心地善良，却怎么也不能安顿好身边人与事。因此，君子之道要对人际关系另做深论。

"周而不比"的"周"，是指周全、平衡、完整；而作为对立面的"比"，是指黏连、勾搭、偏仄。对很多人来说，后者比前者更有吸引力，这是为什么呢？

这事说来话长。人们进入群体，常常因生疏而产生一种不安全感，自然会着急物色几个朋友，这很正常。但是，接下来就有鸿沟了：有些人会把这个过程当作过渡，朋友的队伍渐渐扩大，自己的思路也愈加周全，这就在人际关系上成了君子；但也会有不少人把自己的朋友圈当作小小的"利益共同体"，与圈子之外的多数人明里暗里地比较、对峙。时间一长，必然延伸成一系列窥探、算计和防范。显然，这就成了小人行迹。

这么说来，"周而不比"和"比而不周"之间的差别，开始并不是大善大恶、大是大非的分野。但是，这种差别一旦加固和发展，就会变成两种截然不同的人格系统。

在人际关系中的小人行迹，最明显的表现为争夺和争吵。这应该引起君子们的警惕，因为不少君子由于观点鲜明、刚正不阿，也容易发生争吵。一吵，弄不好，一下子就滑到小人行迹中去了。那么，为了避免争吵，君子能不能离群索居、隔绝人世？不能，完全离开群体也就无所谓君子了。孔子只是要求他们入群而不裂群。因此，他及时地说了这段话：

君子矜而不争，群而不党。（《论语·卫灵公》）

这次李泽厚先生就翻译得很好了："君子严正而不争夺，合群而不偏袒。"作为老友，我想改为"君子严正而不争执，合群而不偏执。"孔子所说的这个"矜"字，原来介乎褒贬之间，翻译较难，用当今的口头语，可解释为"派头""腔调""范儿"之类，在表情上稍稍有点作态。端得出这样的表情，总不会是"和事佬"，免不了要对看不惯的东西说几句重话吧？但孔子说，君子再有派头，也不争执。这句话的另一番意思是，即使与世无争，也要有派头。那就是不能显得窝囊、潦倒，像孔乙己。是君子，一定要有几分"矜"，讲一点儿格调。

"群而不党"，如果用现代的口语，不妨这样说，可以成群结队，不可结党营私。甚至还可以换一种更通俗的说法：可以热热闹闹，不可打打闹闹。"党"这个字，在中国古代语文中，是指抱团、分裂、互损，与君子风范相悖。只要结党营私，小团体里边的关系也会日趋恶劣。表面上是同门同帮，暗地里却处处不和。这种情况可称之为"同而不和"。与之相反，值得信赖的关系，只求心心相和，不求处处相同，可称之为"和而不同"。这两种关系，何属君子，何属小人，十分清楚，因此孔子总结道：

君子和而不同，小人同而不和。

这句话也描绘了一个有趣的形象对比：君子，是一个个不同的人，相反，小人，一个个都十分相似。因此，人们在世间，看到种种不同，反而可以安心；看到太多的相同，却应分外小心。由此，我们已经涉及了君子和小人的整体气貌。

（选自余秋雨著《中国文化课》）

你的心理观点（100字以上）：

心理老师观点

一、如何认识人际交往

好的人际交往对于青年成功成才，获得亲密与归属感，实现自我人生和社会价值，是不可或缺的。但是，在我们的生活中，可能会出现这样一些情况：你的室友不喜欢洗脚，他的衣服放在宿舍，有一股难闻的味道；你的辅导员对你评价不好，而你还是主要的学生干部；你多次想组织班级活动，但好像每次都力不从心；你的父母好像不是很信任你，在关键时候也不能给你支持；你对某一位同学非常在意，但她好像并没有把你当朋友。诸如此类的事情每天都发生在我们的生活里，而我们又是那么在乎。这样的点点滴滴贯穿于我们学习生活的每个方面。

人际交往是一门学问，无师自通是不太可能的，他山之石，也许可以攻玉。所以，为了在这个方面有所进步，我们一方面要学习人际交往的心理学知识，一方面要借鉴他人的做法。

人际关系是以人们的社会交往实践为基础的，显示着人与人之间的心理联系，反映了个人或群体寻求满足其社会需要的心理状态。在具体的人际情境中，任何一种关系的本质是交往个体之间的相互影响，可以因接近性、熟悉性、相似性、个性品质而增强，但人际交往也只有在真实的人际情境中才能产生相应的效能。大学生渴望人际交往，但人际交往经验不足，缺乏一定的交往技巧，并对人际交往存在较大的认知误区，阻碍了其社会化成长，应培养其主动学习与参与的意识，习得人际交往技能，从而调整认知，增强人际交往的自信，积极主动地构建和谐的人际关系。

（心理老师　刘爱华）

二、如何理解人际交往的内涵

在具体的人际交往场景中，人际交往双方互为主体，在思想、行为和语言上展开互动，即你在影响他人的同时也在接受他人的影响。大学生的人际交往行为发生在同学之间、师生之间、父母与子女之间、干部与成员之间、室友之间、朋友之间、恋人之间、社团成员之间等，因此人际交往有着不同的类型和不同的交往风格。

针对人际交往的含义与类型，建议大家对照自身的人际交往行为，思考两个问题：一是针对不同的交往对象，是否无意识地采取了不同的交往方式？为什么？二是在某种情况之下，是否采取了同一种方式对待不同的交往对象？这两个问题的思考可以帮助我们更好地理解人际交往的实质。

第一个问题，与不同的人打交道时采取了不同的方式，这就说明，在你的人际交往经验里，你对特定的人际交往对象是存在一个预判的，这个预判是比较主观的，比如，一个男生对自己心仪的女生，可能会推测她喜欢什么，愿意做什么事情，然后这个男生会采取什么样的方式和她交流，以让她产生好感。这个例子说明，我们对每个人的期待与要求都有一个主观的假设，至于这个预判或假设是否合理或客观，需要通过结果来呈现，来帮助我们去调整，反过来，对方也是如此。人际交往是互为主体的。

第二个问题，在某些情境下，是否采取了同一种方式对待不同的交往对象？大多数同学可能会说没有，但其实潜意识里却存在这种行为。比如，朋友有很多种类型，如果我们都用知心好友的标准来衡量或要求对方的话这种期望注定是会被打折扣的。我们想用对待朋友的方式来对待父母和长辈，是否合适呢？是否需要改变方式？对待普通朋友的方式和对待知心朋友的方式是不是一样的？对待父母的方式和对待同学的方式是否有差别？当然也不排除运气特别不错，双方能够达成良性的互动。

总之，这两个问题的思考，是想提示同学们，人际交往的互动性和发展性是确定的，人际交往双方的主观性与建设性是并存的。

（心理老师　刘爱华）

三、心理老师手记

面对父母时的情绪

心理求助

我是一名大三女学生,我的困惑是我发现我经常控制不住自己的情绪,尤其是和父母相处的时候。我觉得父母不太理解我,我想毕业后自己创业,但是父母让我听从家里安排进入稳定的单位工作,说女孩子就是要稳定。他们经常开口就说"我们是为了你好",我每次听到这句话就很反感,就会顶回去"你所谓的好并不是我想要的",有时候甚至还会发生争吵,说一些难听的话,但是事后我又很后悔,因为我内心并不想伤害他们。我该怎样控制住自己,和父母亲好好相处呢?

 咨询回复

同学你好!很多小伙伴和你都有同样的困惑。面对父母亲的唠叨或者期待,同学们控制不住自己的小脾气,发生争吵后又后悔的现象,我在咨询中经常碰到。首先,很高兴你有一对爱你的父母,尽管表达方式让你不舒服,但他们爱你的心非常明显,我相信你自己也能感受得到。其次,我很高兴你有一颗反省的心,当自己觉得做错了事情的时候会寻求解决方法,避免下次不愉快的发生。

从你的描述中可以看出,你和父母的矛盾主要集中在就业方向上。父母和我们的生活时代背景不一样,考虑问题的角度和我们肯定存在差异,但其实大家考虑的都是一个共同的焦点:你的个人发展问题。当然,老师觉得你可以静下心来和父母来一次深度的沟通,双方约定好都要听对方把话说完,而不是从内心就先否定他们的建议。你可以选择安静地听完父母的话,而不是急着反驳他们,这样你才能更理解父母的心思。当父母说完以后,也恳请父母听听你内心真正的想法,这样父母也会重新认识你,从而考虑你的需求。只有相互真正理解,你们之间才能更容易达成一致的意见。如果你实在无法和平地和父母相处,你也可以考虑书信的方式哦,这样不易产生正面冲突,更有利于问题的解决。

(心理咨询师 胡健)

我是寝室的"双面胶"

心理求助

我是一名大一的学生,今年19岁。我天天数着日子,盼望假期的到来,虽然步入大学才一个学期,但是我却成了宿舍的"双面胶",左右为难。我们宿舍一共4位同学,军训的时候,有两位同学因为琐事而争吵之后,我们4个人的相处就越来越尴尬和扭曲。一直到现在为止,两位吵架的同学都没有丝毫要和解的意思。我跟另外一个同学,总是在中间做"双面胶",里外不是人,左右为难。我真的不喜欢这个寝室,我担心自己的大学生活会在这么糟糕的室友关系中度过。

咨询回复

同学你好！从你的描述中，我已经能够感受到你的苦恼了。在当今的校园中，像你这样面临"双面胶"处境的同学并不是个案。你能在这个时候打来求助电话，是非常明智的。我想介绍一位著名的心理学家——埃里克森，他认为18~30岁的青年，面临的发展问题是，如何建立亲密关系，避免孤立于他人之外。一方面渴望与他人建立良好的同伴关系或爱情关系，另一方面又害怕被拒绝和失望。初入大学的我们离开了原本朝夕相处的伙伴，遇到了地域文化、家庭背景完全不同的室友，这时产生矛盾也在所难免了。老师建议你首先打破自己内心的壁垒，在人际关系中采取主动的态度，降低自我防御，寻找交流时机，改善人际关系。

（心理咨询师　朱占占）

我应该如何拒绝？

我是一名大一的女生。从小到大，家里的经济条件都不错，爸爸妈妈也对我特别疼爱，凡事都顺着我，因此我的依赖性也比较强。高中的时候，我对朋友全心付出，他们也对我坦诚相待，我一直都觉得自己的人缘不错。上大学以后，我也一直觉得自己是重情重义的人，对别人都是有求必应，同时也渴望得到别人的关注和帮助。同学让我做的事情，我从来没有推辞过。因为觉得如果拒绝了，别人会因此而不再关心和帮助我了，会背后说我坏话。虽然很多朋友说这种担忧实在没有必要，但我却摆脱不了。这些想法使我承受了巨大的心理压力，我常常想逃避寝室"复杂"的关系。现在的我独来独往，早出晚归，避免与室友们相处。

咨询回复

大学新生人际关系适应不良是一个普遍存在的现象。高中时期忙于学习，顾不上关注人际交往。到了大学，由于环境的变化，特别是远离父母，在异地求学，他们面临建立一个全新的人际关系的困扰。

你觉得自己本是一个乐于助人的人，尊重宿舍的其他同学，但却担心室友不爱帮助自己，不尊重自己。你描述的这种处理人际关系的方式是比较消极的，这不仅不能与室友建立良好的关系，反而会让你和室友之间更加疏远。首先，你需要调整好自己的心态，丢掉"帮助别人就会被帮助"的想法，不依赖别人，学会更加独立地生活、学习，对自己不想做的事情，能够说"不"。其次，当遇到寝室矛盾时，你可以选择采取比较明智可取的途径处理，积极寻找自身的不足，找出原因，解决问题。

（心理咨询师　朱占占）

延伸阅读

一、中国心理学家及其观点

孟子是儒家曾子、子思学派的继承者，战国时期著名的思想家和教育家。儒家经典著作《孟子》中包含了较为丰富的心理学思想或观点。孟子以主张"性善论"著称于世。他认为人性与动物之性是不同的，认为动物只具有"食、色"等生理本能，而人除此之外，还具有恻隐、羞恶、辞让、是非等先天的"善端"，以及由"善端"发展而成的"仁、义、礼、智"。所以谓"人皆有不忍人之心……无恻隐之心，非人也；无羞恶之心，非人也；无辞让之心，非人也；无是非之心，非人也。恻隐之心，仁之端也；羞恶之心，义之端也；辞让之心，礼之端也；是非之心，智之端也。人之有是四端也，犹其有四体也。有是四端而自谓不能者，自贼者也。"孟子还提出，"饱食、暖衣、逸居而无教，则近于禽兽"。但是，人性中先天具有的"善端"能否得到善良的发展，依赖于环境和教育的条件，孟子以栽培农作物来做说明："故苟得其养，无物不长；苟失其养，无物不消"。

孟子把"爱"和"敬"作为调节人际关系的基础。"君子以仁存心，以礼存心。仁者爱人，有礼者敬人；爱人者人恒爱之，敬人者人恒敬之。"爱与敬是双向的，如果人们都持这样的看法，就能建立和谐融洽的人际关系。

二、影片赏析

1. 中国影片：《搜索》

《搜索》是由陈凯歌自编自导的剧情电影，于2012年7月6日上映。影片改编自小说《请你原谅我》，讲述都市白领叶蓝秋因为一件公车不让座的小事，而引发了蝴蝶效应般的网络暴力，以致最终被逼到生活的死角的故事。

叶蓝秋宛若南美洲丛林中的一只蝴蝶，扇动翅膀，引发了一场发生在中国南方都市里的"南太平洋风暴"。7天时间，因为一件公车上发生的小概率事件，十几个人被卷入其中，生活被迫推离既有的轨道，甚至命运都被彻底改写。然而，这一切都不是真相。

2. 外国影片：《肖申克的救赎》

《肖申克的救赎》是美国作家斯蒂芬·埃德温·金的中篇小说，也是其代表作。《肖申克的救赎》被评为"美国十大经典影片"之一，同时，电影的蓝本《肖生克的救赎》也被称为是作者本人"写作四十年来公认最棒的作品之一"。

影片讲述银行家安迪被当作杀害妻子的凶手送上法庭。妻子的不忠、律师的奸诈、法官的误判、狱警的凶暴、典狱长的贪心与卑鄙,将正处在而立之年的安迪一下子从人生的巅峰推向了世间地狱。而狱中发生的一系列事情迫使忍无可忍的安迪终于在一个雷电交加的夜晚,越狱而出,重获自由。

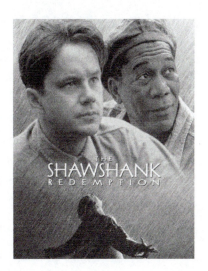

监狱作为故事背景带有寓意性,以安迪、典狱长、狱警和囚犯们所构成的这个世界,本身就是错谬、混乱的。安迪是一个无罪的好人,却被关进监狱接受改造。肖申克的几任典狱长没有一个是清白的,但他们却在那里颐指气使,教化训导无罪的安迪。在这样一个错谬、黑白颠倒的世界,现代派作家笔下的人物通常会自甘堕落或精神崩溃,而斯蒂芬·埃德温·金塑造的安迪却像一只浴火后重生的火凤凰,健康自信地飞出了炼狱的火坑。

三、书籍推荐

《非暴力沟通》(马歇尔·卢森堡著)

卢森堡早年师从心理学大师卡尔·罗杰斯,他发展出极具启发性和影响力的非暴力沟通的原则和方法,依此来谈话和聆听,能使人们情意相通,和谐相处,这就是"非暴力沟通"。

非暴力沟通能够治愈内心深处的隐秘伤痛,超越个人心智和情感的局限性,突破那些引发愤怒、沮丧、焦虑等负面情绪的思维方式,用不带伤害的方式化解人际冲突,学会建立和谐的生命体验。在具体的生活里,也许我们从来没有想过和"暴力"扯上关系,不过如果稍微留意一下现实生活中的谈话方式,并且用心体会各种谈话方式给我们的不同感受,我们一定会发现,有些话的确伤人!言语上的指责、嘲讽、否定、说教以及任意打断、拒不回应、随意出口的评价和结论给我们带来的情感和精神上的创伤,甚至比肉体的伤害更加令人痛苦。这些无心或有意的语言暴力让人与人变得冷漠、隔阂、敌视,当我们退去隐蔽的精神暴力,爱将自然流露!

8

第八单元

压力解读与挫折应对

子曰:"知者不惑,仁者不忧,勇者不惧。"
（选自《论语·子罕》）

孔子说:"聪明的人不致疑惑,仁德的人经常乐观,勇敢的人无所畏惧。"
（选自杨伯峻《论语译注》）

子曰:"刚、毅、木、讷,近仁。"
（选自《论语·子路》）

孔子说:"刚强、果决、朴质而言语不轻易出口,有这四种品德的人近于仁德。"
（选自杨伯峻《论语译注》）

学习目标

知识目标
理解压力与挫折的内涵
了解压力反应及挫折反应
理解挫折心理防御机制及表现

素养目标
理解压力的积极和消极影响
形成自主释放压力意识
理解挫折，恰当运用心理防御机制

心理科普

一、压力与挫折的内涵

（一）压力

压力也叫应激，是由刺激引起的伴有躯体机能以及心理活动改变的一种身心紧张状态，伴随着强烈的情绪体验，是由各种心理冲突和挫折导致的系列消极情绪。

压力产生的心理冲突主要有四种：一是双趋冲突，即鱼和熊掌不可兼得；二是双避冲突，即同时面临两种令人讨厌的目标，都想回避，但二者只能选其一；三是单一趋避冲突，即同一物体对自己既有吸引力，又有排斥力；四是多重趋避冲突，即同时遇到两种或两种以上的目标，每种目标都有利又有弊，多重趋避冲突是最难以取舍的心理冲突。

人们面临压力时，会产生一系列反应，这些反应在一定程度上是个体主动适应环境变化的需要，能够唤起和激发个体潜能，增强心理承受和抵御压力的能力。但是，如果压力引起的身心反应过于强烈和持久，会使个体的免疫机能下降，从而影响机体组织器官的正常功能，并由此可能导致机体的生理、心理功能紊乱，进而致病。具体来讲，人们面临压力时会有生理、行为和心理反应。生理反应主要表现为中枢神经、内分泌系统和免疫系统三方面的变化，如心率加快、血压升高、呼吸急促、各种激素分泌增强等，过度的压力会使人肌肉高度紧张、腹泻、呕吐、头痛、口干、口吃等。行为反应有的是直接的，如因学业成绩失败而努力学习；有的是间接的，如行为退缩或失控，与人冲突不断等。当压力超过一定限度时，会表现出过度的心理反应，如急躁、抑郁、焦虑、恐惧、失望等。

（二）挫折

挫折是人们在有目的活动中遇到无法克服或自以为无法克服的干扰时产生的消极反应。

挫折有三个要素：挫折情境、挫折认知和挫折反应。①挫折情境是指需要不能满足，目标无法实现的内外障碍和干扰。②挫折认知是指对挫折情境的知觉、认知和评价。它是产生挫折心理的主要原因，直接导致挫折反应或挫折感。人们对挫折情境的认识和评价不同，产生的挫折感也不同。③挫折反应也可称为挫折感，是指人们产生挫折认知后，对自己的需要不能满足时产生的情绪和情感反应，是多种负面情绪交织在一起而产生的心理感受，比如失眠、焦虑、紧张、困惑、烦恼、回避和愤怒等。

挫折既是客观的，又是主观的。挫折情境与挫折感受有着密切的联系，但并不总成正比。从挫折到感受，并不是直接的刺激与反应的过程，而要受到个体实际情况的制约，它包括个体的生理状态、心理状态和社会适应能力，其核心是认知方式和挫折承受力。在我们的生活中经常可以看到这样的现象，面临同一挫折情境，有的人反应轻微，持续时间短，而有的人则反应强烈，持续时间长。

二、压力与挫折的影响因素

压力可以分为三类：单一性生活压力、叠加性压力、破坏性压力。①单一性生活压力指在某一段时间经历产生一定压力的事件并努力去适应或改造。这种压力的后效往往是正面的，有利于人们更好地适应未来。②叠加性压力指有若干个构成压力的事件在同一时间发生，或是相继发生。③破坏性压力一般是比较极端的，包括战争、空难、地震、绑架、被攻击等。破坏性压力可能会导致创伤后应激障碍，即在强烈的压力事件后会出现压力反应，如情绪沮丧、易激惹、噩梦、闪回、注意力难以集中、人际关系疏远等。

压力的来源有很多种，包括躯体性压力源、心理性压力源、社会性压力源和文化性压力源。①躯体性压力源包括躯体创伤或疾病、饥饿、性剥夺、睡眠剥夺、噪声、气温变化等。②心理性压力源包括错误的认知结构、个体消极经验、道德冲突、不祥的预感以及与工作生活相关的压力等。③社会性压力源主要指造成个人生活方式的变化并要求对其做出调整和适应的情境和事件，小到个人生活的变化，大到社会生活的重要事件。④文化性压力源指面临新的生活环境、风俗、生活方式而产生的压力，如出国留学或更换工作单位。

挫折产生的原因较为复杂，一般可概括为客观外部因素和主观内部因素。客观外部因素主要指：一是自然环境，如恶劣气候、火灾、水灾、地震等；二是指社会环境，如政治、经济、道德、宗教、习俗。主观内部因素主要指个人能力的限制，或生理与心理方面的缺陷，使人无法实现目标。

面对挫折，要逐步提升挫折承受力。挫折承受力是指个体对挫折的可忍耐、可接受的程度，包括耐受力和挫折排解力两个方面，前者是受得起挫折，后者是指对挫折进行直接的调整和释放，积极改善挫折情境，解脱挫折状态的能力。

挫折承受力受到以下几个方面的影响。

一是个人素质，包括身段状况、个体价值观、世界观、人格、兴趣、意志、耐心等，如身体强壮的人比体弱多病的人更能经受挫折，乐观开朗、意志坚强的人比消沉抑郁、意志薄弱、心胸狭隘的人更能应对挫折。

二是受挫经验。一般而言，同一段时间内面对多个挫折时，挫折的承受力就会大大降低，而社会经验丰富、家庭和睦、人际关系协调的人遭受挫折后可利用的援助力量多，比孤独无援的人更易走出挫折情境。

三是挫折认知。行为所指向的目标对人越重要，受到挫折后的反应越强烈；越接近目标时发生挫折，则对挫折的承受能力越大。即当一个人在几乎达到目标时经历失败会不甘心而继续努力尝试。而如果一开始就失败，反而会早早放弃，挫折承受力反而小。

三、大学生压力与挫折的现状及影响

虽然大学生活相对单纯，但现实生活往往趋向于复杂与烦琐。在理想与现实、自尊与自卑、独立与依赖、交往与封闭、个人意愿与家庭期望等诸多冲突面前，处于成长期的大学生心理承受能力不强，部分群体很容易产生心理问题。

大学生的压力感主要体现在学习、就业、交往、恋爱以及经济等方面。总体而言，大学生的压力感是逐年上升的，年级差异也较为显著；农村大学生的压力大于城市大学生，且不同专业学生的心理压力差异显著。

大学生遭遇挫折的因素很多，如学业竞争失败、恋爱关系中断、经济损失、寝室人际冲突等，遭遇挫折的情境往往既与各类压力源有关，也与大学生富于理想化、个性及身心发展不平衡有关。如有的大学生对所读院校抱有过高的期望值，但在自身抱负水平过高的同时缺乏有效的行动，于是极易产生挫折感；有的大学生存在一些不良的个体品质，如主观、固执、多疑、自私等，形成了产生挫折和加重挫折感的温床，有的稍遇挫折就对生活失去信心，甚至自杀，还有的大学生比较幼稚和脆弱，社会阅历不足，面临社会矛盾情境时也易产生挫折感。

挫折是一把双刃剑，具有消极和积极两个方面的影响。挫折如果处理得当，有利于磨炼大学生的性格和意志。坚强的性格和意志，往往是长期磨炼的结果，一般而言，经历的挫折越多，承受挫折的能力就越强；挫折还有利于增强大学生的情绪反应和解决实际问题的能力，促进大学生正确认识自我，提高适应能力。挫折的产生好似清醒剂，促使大学生对自己做出一个更合乎实际的评价，使他们对生活和社会有更为客观的认识。但是，挫折也可能降低学习效率、降低思维与生活能力，损害身心健康，有时甚至导致个性改变或出现行为偏差。

四、有效应对压力与挫折

(一) 正确认识压力与挫折

人的一生"不如意事十之八九",学业的压力、人际关系的冲突等都是经常碰到的,所谓"心想事成""一帆风顺"等只是人们的一种愿望和理想。压力与挫折本来就是我们生活的一部分,每个人都无法逃避,只要在压力面前不灰心、不后退,就能把挫折作为前进的阶梯、成功的起点。

压力和挫折既有消极的一面,也有积极的一面,两者在一定条件下可能互相转化。关键是大学生怎样去认识和对待它,如果态度端正,处理得当,促使压力与挫折向积极方面转化,压力与挫折就可能给人激励,让人警觉和成熟,使人更加坚强。

在压力与挫折面前,不仅要看到主要矛盾和矛盾的主要方面,还应兼顾次要矛盾和矛盾的次要方面。更重要的是对自己要有合理的定位,分清自己的优势和劣势,找准合适的方法和途径,从能力素质、知识素质、身体素质等各方面去努力,使自己全面发展,从而提高自己的抗压力和挫折承受力。

(二) 合理运用心理防御机制

心理防御机制是个体在遭受压力和挫折后,有意识或者无意识地把主体与客观现实之间发生的问题,用较能接受的方式加以解释和处理,以减轻挫折感,达到心理平衡。常用的心理防御机制主要有以下几种。

1. 升华

升华是人们把那些可能是不道德或违反伦理的强烈的潜意识欲念,以社会较能接受的形式表现出来,从而得到社会的认可和赞同,是一种积极的防御机制。压力与挫折体验的升华,转移了原有的情绪和情感,达到了内心的平衡,使个人获得成功和满足,无疑是心理防御机制中最富有建设性的、理想的行为反应和应对挫折的方式。

2. 合理化

合理化是指当个体因挫折产生不良情绪时,为减轻精神上的苦恼和不快,维护个体的自尊和心理平衡,常常为自己遭受到的挫折寻找借口或做歪曲的解释。常见的合理化机制包括酸葡萄法和甜柠檬法等。合理化机制能够减轻痛苦和紧张的情绪。然而真正应对压力与挫折是要在情绪稳定后,冷静客观地分析真正的原因,从而努力改进。

3. 幽默

当处于困境和尴尬局面时,可运用含蓄、双关、幽默的语言和委婉、曲折的表达方式，以避开冲突的锋芒，营造轻松、愉快的氛围，缓解紧张情绪，从而渡过难关或克服挫折。幽默是一种积极而高尚的心理防御机制，但这个方法的运用与人的修养、素质、心理成熟程度和道德品质有直接关系。

4．补偿

补偿是指当个体所追求的理想、目标受到挫折，生理上或心理上存在某种缺陷时，通过选择其他能成功的方法来弥补这种缺陷，以减轻心理上的不适感和挫折感。需要注意的是，如果补偿的目标和活动符合社会规范和人的发展需要，补偿行为就是积极有益的，否则就是消极有害的。

5．潜抑机制

个体把意识中对立的或现实中所不能接受的冲动、欲望、想法、情感或痛苦经历，不知不觉地压抑到潜意识中去，以致当事人不能察觉或回忆。在正常情况下，潜抑能够使我们保持良好的人际关系和社会秩序，使人正常地约束和管制自己的行为。大学生在运用该机制时最重要的是掌握潜抑的度，如果情绪或痛苦经历潜伏压抑过久，都有可能造成心理问题和心理疾病。

6．转移机制

转移机制是在个体遭受压力和挫折时，将情绪反应转移给无辜的人或物，以发泄内心的不满，调节心理平衡（迁怒于人、迁怒于物）。转移对减轻心理压力，避免不当的攻击行为具有一定作用，但是要注意转移的对象和方式。对大学生来说，将情绪发泄在家人或朋友身上，是不恰当的，比较可取的方式是通过向朋友和家人倾诉、运动、听音乐等来释放。

7．否定

否定是把已经发生的挫折和不愉快的情境加以否定，以避免心理上的不安和痛苦，如眼不见为净、掩耳盗铃、否认亲人的死讯或考试成绩等。否定在一定程度上可以保护自己，给自己多一些时间来思考和做决定，但并不能使被否定的问题得以解决。大学生应当尽量避免使用否定机制，尤其在一些重大问题上更应如此。

8．认同

认同是指一个人在受到挫折后，自觉效仿他人成功的经验和方法，以使自己的思想、目标和言行更适应环境的要求，从而在主观上增强获得成功的信念与勇气。如将科学家、历史名人以及某些歌星、球星甚至是自己的同学作为认同的对象，将他们具备的令人羡慕的品质加载在自己身上，或将自己与所崇拜的人视为命运共同体，从中获得信心、力量和勇气，从而减轻挫折感，奋发进取。然而，不切实际并过度地运用认同机制会导致自我的迷失。

(三) 释放压力，提升耐挫力

1. 保持适中的自我期望水平

大学生对生活充满着希望和梦想，对自己的能力、知识具有较高的期望和要求，对学习、生活可能遇到的坎坷估计不足，当他们生活中遇到不顺时，就容易产生挫折感。因此，大学生要根据自己的实际情况来确定目标，尽量保持适中的自我期望水平，既不要轻易地否定自己，也不要过高地估计自己。

2. 学会正确评估压力和挫折

在生活中要学会正确评估压力与挫折。例如，经济压力是因为贫困，还是因为过度浪费性开支？心理压力是因为自卑，还是因为平时学习不够踏实？通过分析，及时找准自己存在的主要心理压力与挫折原因，然后有针对性地学习，努力提高，适时调整、解决心理压力和化解挫折情景，从而达到提高抗压力和挫折承受力的目标。

3. 积极投身实践活动

"纸上得来终觉浅，绝知此事要躬行。"如果是安于现状和贪图享受的个性，就有必要走出寝室和教室外，多参加社会实践，增加对生活与学习的体验，从而开阔视野，探索应对方法。要学会从"坐而论道"发展到"起而力行"，在实践中接受磨炼和考验，体验压力，面对挫折，磨炼意志，战胜自我，并从中获取社会经验，正视人生舞台后面的许多真实情景，从而领悟人生的哲理，不断提升挫折承受力。

心理实践与体验

一、心理测量

心理压力量表

心理压力量表（见表 8-1）以德国心理学家穆瑞提出的心理压力因素理论为基础，由瑞士心理学家爱德沃兹编制。

请根据自己的情况进行选择，不要花太多时间思考，完成该表的时间在 15 分钟左右。其中，"总是"计 4 分，"经常"计 3 分，"有时"计 2 分，"很少"计 1 分，"从未"计 0 分。

表8-1 心理压力量表

序号	项目	总是	经常	有时	很少	从未
1	受背痛之苦					
2	睡眠无规律且不安稳					
3	头痛					
4	颚部痛					
5	如果需要等候,会感到不安					
6	脖子痛					
7	比多数人更容易紧张					
8	很难入睡					
9	感到头部发紧或痛					
10	胃不好					
11	对自己没有信心					
12	对自己说话					
13	担心财务问题					
14	与人见面时感到窘迫					
15	担心发生可怕的事					
16	白天觉得累					
17	下午感到喉咙痛,但并非感冒所致					
18	心理不安,无法静坐					
19	感到非常口干					
20	心脏有毛病					
21	觉得自己非常无用					
22	吸烟					
23	肚子不舒服					
24	觉得不快乐					
25	流汗					
26	喝酒					
27	很自觉					
28	觉得自己像四分五裂了					
29	眼睛又酸又累					
30	腿或脚抽筋					
31	心跳加速					
32	怕结识人					

(续)

序号	项目	总是	经常	有时	很少	从未
33	手脚冰冷					
34	便秘					
35	未经医生开处方就乱吃药					
36	发现自己很容易哭					
37	消化不良					
38	咬手指					
39	耳朵有嗡嗡声					
40	小便次数多					
41	有胃溃疡的毛病					
42	有皮肤方面的毛病					
43	担心工作					
44	有口腔溃疡					
45	为小事所烦厌					
46	呼吸急促					
47	觉得胸部紧迫					
48	很难做出决定					

评定标准：43~65分，表示压力适中；低于43分，表示压力过小，需要适度增加压力；高于65分，表示压力过大，需要适当降低。

具体标准如下：

93分及以上：表示处于高度应激反应中，身心遭受压力伤害，你需要专业心理治疗师给予一些忠告，帮助你削减对压力的知觉，并帮助你改善生活的品质。

82~92分：表示你正在经历太大的压力，身心健康正在受到损害，并令你的人际关系发生问题。你的行为会伤害自己，也会影响他人。因此，对你来说，学会如何减除自己的压力反应是非常必要的。你需要花时间做练习，学习控制压力，也可以寻求专业的帮助。

71~81分：表示你的压力程度中等，可能正开始对健康不利，你可以仔细反省自己对压力如何做出反应，并学习在压力出现时，控制自己的肌肉紧张，以消除生理应激反应。

60~70分：表示你生活中的兴奋与压力也许是相当适中的。偶尔会有一段时间压力太大，但你也许有能力去享受压力，并且很快回到平衡状态，因此对你的健康不会造成威胁。

49~59分：表示你能够控制自己的压力反应，你是一个相当放松的人。也许你对于所遇到的各种压力，并没有将他们解释为威胁，所以你很容易与人相处，可以毫无畏惧地担任工作,也没有失去信心。

38~48 分:表示你对所遭遇的压力很不易为之所动,甚至不当一回事,好像并没有发生过一样。这对你的健康不会有什么负面影响,但你的生活缺乏适度的兴奋,因此趣味也就有限。

27~37 分:表明你的生活可能是相当沉闷的,即使刺激或有趣的事情发生了,你也很少做反应。你需要参加更多的社会活动或娱乐活动,以增加你的压力应激反应。

16~26 分:如果你的分数值落在这个范围内,也许意味着你在生活中所经历的压力经验不够,或是你没有正确地分析自己。你最好更主动些,在工作、社交、娱乐等活动上多增加些刺激。

二、心理实践活动

(一)团体心理辅导:沟通,改变生活(下)

大学生的人际交往情景是具体的,因此困扰也是具体的。一方面,似乎没有思考如何与人打交道,一方面又心事重重,生怕自己没有建立好人际关系。因此,在思考与行为之间,应该多一点连接与融合。个体的人际困扰在于对人际交往的评价与预期,而具体的人际交往行为总是无时无刻正在发生,因此需要主动建构更多积极的人际交往体验。

团体目标:促进成员加强语言能力与应变能力训练,提升人际互动与应急水平;促进成员相互观察学习,进一步丰富与深化人际互动体验;优化人际沟通经验与记忆,增强彼此信任感,整合形成积极、主动的人际交往观。

团体性质:成长性、同质性。

领导者要求:初步掌握社会心理学、发展心理学、心理咨询的主要理论,具备一定的团体辅导技能的新生辅导员、新生班导师、高年级朋辈辅导员。

时间:120 分钟。

场地:户外或团体心理咨询功能室。

活动环节参考:见表 8-2。

表 8-2 沟通,改变生活 团体心理辅导活动流程(下)

活动名称	活动流程	所需时间
承上启下	1. 要求成员关掉通信工具,寄存随身物品,轻便着装,组织成员围坐成圈,并佩带好胸牌 2. 领导者肯定成员第 2 次参加团体,并陈述第 1 次团体成果 3. 领导者针对语言沟通对人际交往的意义做小型演说,重点提出发掘个人语言潜能,塑造语言自信的重要作用	5~8 分钟

(续)

活动名称	活动流程	所需时间
看图说话	1. 领导者发放图画，指导成员看图说话。要求超过30秒 2. 领导者要求成员第2次看图说话，每个成员同时说两次，每次的内容、角度、方式不一样 3. 领导者指导成员间相互点评 4. 领导者总结陈词，强调思维与语言表达的差距，生活中要多表达	15~20 分钟
同舟共济	1. 分成两组 2. 领导者指导分组成员站立在报纸上 3. 缩小报纸面积，要求成员能相拥站立 4. 继续缩小面积，直至最小为止	10 分钟
语言碰撞	1. 领导者要求与指导成员做语言练习 2. 语言练习示范1. 如果你是_____，那么我就是_____。例：如果你是镜子，那么我就是水银，没有我，你就是一块破玻璃 3. 语言练习示范2. 话说某事接龙（四个字、五个字）。例：当五四晚会主持，晚会开始 – 我俩主持 – 气氛热烈 – 座无虚席 – 节目开始 – 一组串烧 4. 语言练习示范3. 联想题：金、木、水、火、土、十二生肖、四季。例：金，在人生的大熔炉里，真金不怕火炼，是金子总会闪闪发光	15~25 分钟
角色扮演（一）	1. 角色情景之一：父子（女），父亲反对子女在校期间购买电脑 2. 领导者就此情景引导成员做一些讨论，确定互动内容 3. 领导者鼓励或指导两名成员进行角色扮演 4. 领导者指导成员间相互点评 5. 领导者总结陈词，强调角色感带来的理解差异	15~20 分钟
角色扮演（二）	1. 角色情景之二：寝室卫生值日，如何拒绝不合理要求 2. 领导者就此情景引导成员做一些讨论，确定互动内容 3. 领导者鼓励或指导两名成员进行角色扮演 4. 领导者指导成员间相互点评 5. 领导者总结陈词，强调拒绝技巧	15~25 分钟
分享与总结	1. 领导者肯定成员4次团体活动以来的进步 2. 领导者鼓励或要求每名成员分享个人参加团体活动的感受与收获 3. 领导者就人际沟通做小型总结性演讲 4. 齐唱《朋友》，成员间相互祝福，拥抱告别，结束团体	10~15 分钟

（二）心理成长笔记

请仔细阅读以下材料，结合个人生活经验，就如何理解与应对压力、挫折提出自己的观点（100字以上）。

请戒掉所谓的"成功学"和"正能量"!

　　非常不幸的是,这将是一场非常糟糕的演说。我不想骗你们,你们从我这里几乎什么也学不到。你们在离开的时候肯定会感到失望,你们的生活还只是一如既往地继续。我们生活在一个袭扰不断的时代,许多人应对袭扰的方式是受伤的自怜心态:一切本应顺利进行,但是实际上却问题频发。

　　我认为这种想法应当逆转过来:本来就没有理应一帆风顺的事情,因此实际上并没有发生特别严重的问题,我们仅仅只是回归到了危机状态当中,其实危机才是人类生活的常态。

　　今天的哲学家、思想家以及公众人物都忙着建议我们如何改善生活。我想向大家介绍一个曾经在古罗马繁盛一时的哲学流派,这个流派与今天的主流思想可谓背道而驰,这就是斯多葛主义。我本人最喜欢的斯多葛主义哲学家名叫塞内卡,生活在尼禄统治时期。

　　塞内卡写过一本关于愤怒的书。在他看来愤怒的根源在于乐观主义。他提出了一个很有趣的问题:人们(尤其是北欧居民)为什么不会因为下雨而感到愤怒?因为我们都知道下雨是不可避免的。但是我们并没有将这种明智的想法应用在生活的各个方面。我们找不着家门钥匙的时候或者因为堵车而停在路上的时候往往气得大吼大叫,因为我们本能地相信,冥冥当中存在一个钥匙永远不会丢、道路永远不会堵塞的世界。对于现实生活来说,这样的预期可谓别扭至极。我们的期望决定了我们为什么会生气。并不是说降低期望值之后我们就再也不会伤心难过了。塞内卡的观点认为,更明智的做法是极大地缩减我们对于所谓"正常状态"的预期。

　　我们决不能以受伤的意外态度来应对不幸,因为不幸原本是生活契约的基本组成部分。我们生活在一个充满希望的世界里,我们周遭环绕着各种成功学书籍,成功学的特点之一在于督促我们有所作为。几年前我研究过成功学书籍,遇到了一位名叫安东尼·罗宾斯的成功学作者。他的作品可能是我读过的最令人郁闷的书,你们要是从没看过他的书,以后最好也别看。此人写了一本名叫《唤醒心中的巨人》的书,他认为我们每个人都很渺小,但是每个人心中都沉睡着一个巨人。

　　他写到,他自己曾经贫穷、渺小、抑郁而且肥胖,但是他努力采取了行动。"我在内心深处发现了一股神奇的力量,使得我能够掌握我的身体健康。我永久性地减去了38磅体重,追求到了爱情,组建了家庭。利用这股力量,我将自己的收入水平从勉强糊口提升到了每年1000万美金。我曾经蜗居在简陋的公寓,因为没有厨房而不得不在浴池里洗碗。利用这股力量我与家人搬迁到了现在的住所,一座丹麦风格的豪宅。"他在书中还贴心地附带了一张新居的照片。类似这样的书我们在书店里应该都见过不少,每一本都比上一本更令人窝心。这些书籍全都属于更广泛思潮的一部分,即认为任何人都可以成功的理念。这种理念主张机会属于所有人而非少数人。

　　我在研究成功学书籍的时候发现,成功学书籍其实分为两大类。第一类就是类似安东尼·罗宾斯这类正能量书籍，书中强调"你能做到""你能成功"等；第二类书籍的主题则是指导你应对所谓的"自尊低下"。我认为这两大门类之间的联系非常紧密：一个主张"人人皆能成功"的社会很容易就会养成自尊低下的问题，因为所有人都想成就一切，所以许多人都会觉得自己的生活一塌糊涂。

随便打开一份杂志，里面的文章都会告诉你，只要你会写代码，只要你家里有个车库，只要你脑子里有点想法，只要经历过几次挫折，你就能成功。然而根本不是这么回事。我和一位做风投的业内人士谈过这个问题，他说98%的商业提案最终都会失败。这个事实从来没人宣传，我们只知道盯着一小撮少数人。

乐观社会当中经常提出的另一个十分乐观同时也十分堵心的理念就是精英主义。这一理念认为，只要我们足够努力地打造一个完全公平的社会，这个社会当中的任何人就都能取得成功。人生当中的影响因素实在太多了。一刀切式地主张某人理应拥有目前的地位完全是不可接受的做法。古罗马的成功者绝不会以为自己的成功完全归功于自己，他知道这是命运女神的施为，因此当某件事情顺利进行的时候，他们总会向命运女神献祭，这都是命运女神赐予的礼物，只要她愿意随时都可以将这份礼物收回去。

我们如今已经丧失了这种观点。我们远比古罗马人更加乐观，我们相信自己能够掌控自己的命运。这种信念极大地推升了我们的自尊。今天人们的自杀率高于过去，盛行个人主义的社会自杀率更高。症结在于在这样的社会当中，一切失败都会被归咎到个人头上。成功的取得全靠个人，那么失败的降临也自然就全怪个人。有趣的是，在经济萧条时期，特定类型的自杀人数反而会下降，因为突然间出现了一个可以解释个人失败的公用理由，从我们身上卸下了一副重担。实际上在经济形势循环的各个阶段都有人失败，但是萧条时期的失败却能够得到社会公认的解释。这样的公认解释对于社会来说是很重要的。

我们生活在一个以人类成就为中心的世界里，人类成就整天摆在我们眼前。因此我们应当经常步入自然，步入历史，看一看时间留下的痕迹，意识到自己的渺小。最后我还希望大家意识到充分体验生活当中最黑暗时刻的意义。不要将悲伤视为反常，而是要将其视为生活的基本组成部分。我们不应当回避悲伤，而是应当全身心地拥抱悲伤。

引用尼采的话来说：对于那些与我有任何羁绊的人，我祝你们经受苦难、孤寂、疾患、虐待、侮辱与病症。我愿我的朋友们不至于对于深切的自我厌恶、痛苦的自我怀疑以及难以忍受的一败涂地感到陌生。

换句话说，身为19世纪最伟大哲学家的尼采建议我们，任何关心我们的人都想要受苦。这是怎么回事？尼采相信，在忍受、超越与直面苦难的能力以及干大事的能力之间存在着密切联系。

如果你拒绝让你的悲伤压在身上，哪怕只有一个钟点的时光；假如你总是汲汲营营地试图提前避免或者推迟一切可能的苦痛；假如你认为苦痛是邪恶的，是可憎的，是理应消灭的，是异常变态的存在，那么你的心中显然窃据着舒适的宗教。你对幸福的理解多么浅薄啊,你这个贪图舒适且渺小的家伙!幸福与不幸乃是双生姐妹,要么一并成长,要么一起萎缩,就像你的处境一样。

你的心理观点(100字以上):

心理老师观点

一、解读压力与挫折

"心想事成"是每个人美好的愿望,但理想与现实往往存在差距,我们随时可能遇到挫折。

很多年前有一个挑战主持人的节目,其中有一个项目是选手采访知名人士,以考察这位选手的采访能力,其中有这样一个场景,选手采访播音员李瑞英老师。在采访的过程中,选手问李老师在平时工作中是否有压力。李老师明确表示,没有感觉到什么压力,可以很好地处理生活与工作的关系。但这位选手一直反复地问:"您真的没有压力吗?您的工作这么忙,是不是您感觉不到压力呢?"一时之间,让李老师不知道如何回应。

之所以对这个片断有印象,这是因为我们经常会看到,当我们在做一些事情时,或者是在做一些具有挑战性的工作时,身边某些人会说,"你这样做,压力会很大。"同时有些人逢人就说感觉自己的压力很大,很多事情可能应付不来,这是一种不太真诚的说法,这样的说话方式沦为了一种客套,"压力"成了一种谈资。

我相信很多人也有类似的感觉,强说压力的存在不能被我们所接受,当我们享受其中时,压力这顶高帽子是与我们无关的,但是我们在平常生活中如滥用"压力"这个词,反而会搅乱我们的想法。过多地关注压力,就会让压力变成现实。如果时间安排、目标选择等方面比较恰当合理的话,作为一名大学生,就不需要过多的以压力为名来逃避应该做的事情。这是我的第一个观点。

第二个观点是关于挫折。面对挫折,我们最需要的是时间,其次是调整性的思考与行为。我并不认为失败是成功之母,很多事情,我们也许一开始就要考虑周全,避免失败,先做着看看的想法是不成熟的想法。如果经历了周全的思考与扎实的准备,仍然失败,那么对于挫折的归因可能会更容易让你去接受。我不太赞同要历经很多曲折方能成功，也不太赞同一定要在苦难的基础上再去开花结果，或者一定要经历风雨才见彩虹，在信息化的时代，我们需要更多的克制、调整、谨慎、等待，做更多理性的分析与判断，这些理性的元素会帮助我们少走弯路。

（心理老师　刘爱华）

二、心理老师手记

其实我想交更多的朋友

心理求助

我是一名来自农村的男大学生，家里条件不好，学费都是贷款的。进入大学后，我感觉自己和寝室同学之间的差距很大，怎么都比不上他们。其他寝室同学都来自城市，他们懂的东西挺多，他们说的有些东西我都不知道，有的时候感觉和他们聊不到一块。平时他们喊一起吃饭，我也因为经济原因推掉很多次，又要勤工俭学，慢慢地感觉和同学之间的距离越来越远。其实我也很想融入这个集体和他们一起玩，但又有很多顾虑，不知道怎么和他们拉近距离，我该怎么办？

咨询回复

同学你好！你想和寝室同学一起玩，想和他们拉近距离融入大集体，这是我们人作为个体希望有归属感的需要，是正当的需求。你和寝室同学的差距是因为彼此的生活成长环境不同，主要原因并不在你自己，因此请你接纳这些差异。虽然和其他同学比起来，有很多东西你不懂或者不知道，但是也有很多东西是你懂得的而他们没有接触到的，而且有些东西通过学习你也可以做得很好。

从你的话语中老师可以看出，你是一个很上进、懂事的孩子，采取勤工俭学的方式减轻家庭的负担，也懂得不乱花钱。你身上有很多闪光点，你有你独特、优秀的地方，多寻找自己身上积极的地方，悦纳自我，才能更正确地认识自我，也有利于你的人际相处。至于和同学之间的相处，老师建议你在适当的时候可以放松下，有选择地参与集体活动，实在不行的话，你也可以和小伙伴说，自己很想去但是要勤工俭学等，相信同学们也能理解你。你还可以邀请小伙伴们去进行一些免费的集体活动，比如打球、爬山等，这些健康的活动也有利于加强你与小伙伴们间的感情哦！

（心理老师　胡健）

为什么我会如此紧张？

心理求助

我是一名大一女生。进入大学近3个月，我有了新的困扰：最近我很容易紧张，尤其是只要想到要上讲台或在公共场合发言，我就会很紧张，紧张到大脑里一片空白，这让我很痛苦。但我以前并不这样。我想这可能跟最近开展的一次主题班会时，自己上台念文章被老师突然喊停有关。我当时有点惊诧，后来舍友说可能是因为我读错了人名，我真觉得丢人。从那以后，我就对上台发言讲话变得很敏感，有人注意我，我就容易紧张和害怕。我该怎么变回以前的自己？

咨询回复

同学你好！人对挫折总是容易"念念不忘"的，却总是容易忽略挫折是如何形成的。是否构成挫折，关键取决于当事人对当时情境的认知和解读。不妨尝试想一想，这个情境是如何成了挫折事件的？你是怎样解读当时的情境的？你的解读是否符合客观事实？有没有办法检验你的解读？周围人的解读是否客观？对于失误或失败，你习惯于怎么解读？你又是怎么看待你自己对失误、失败的解读方式的？多尝试做各种解读，总是好的。

当然，还建议你鼓起勇气"多向虎山行"，越害怕上台，就越多多地上台，越怕公共场合，就越多多地去公共场合，要知道，行动远比自怜自责更有力量哦！

（心理老师　徐彬）

延伸阅读

一、中国心理学家及其观点

关于人的欲望，孟子提出"二者不可得兼"说，他提出了三个层次的欲望：生理之欲、生存之欲和对义之欲，他推崇舍低就高，即"舍生而取义"，他还提出"养心莫善于寡欲"。"养心"即当代意义上的培养和发展心理品质，健全并丰富精神生活；"寡欲"则是"无为其所不为，无欲其所不欲，如此而已矣"，即能够不做不该做的事，不要不该要的东西，自然就能达到寡欲的境界。

孟子倡导"尚志"，认为意志可以统帅情感，"夫志，气之帅也"，人们必须坚持自己的意志，不滥用情感，"持其志，无暴其气"，且"志壹则动气"，"气壹则动志"，意志专注，情感随之转移，情感指向则可以动摇意志。孟子从"尚志"的观点出发，倡导人们养成"大丈夫"精神。"居天下之广居，立天下之正位，行天下之大道；得志与民由之，不得志独行其道；富贵不能淫，贫贱不能移，威武不能屈，此之谓大丈夫。"孟子倡导的大丈夫精神融合理智、信念与毅力于一体，展现了意志品质所包含的目的性、果敢性、坚强与自制性。"故天将降大任于斯人也，必先苦其心志，劳其筋骨，饿其体肤，空乏其身，行拂乱其所为，所以动心忍性，曾益其所不能"，孟子列举出舜、傅说、胶鬲、管夷吾、孙叔敖、百里奚等贤君名相，说明一个人只有能承受压力，才能锻炼意志，完善性格，从而增强本领，有所作为。

二、影片赏析

1. 中国影片：《喜剧之王》

《喜剧之王》由李力持、周星驰执导，周星驰、莫文蔚、张柏芝、吴孟达等主演。该片于 1999 年 2 月 13 日上映。

《喜剧之王》表达了周星驰多年喜剧演员生涯的心路历程，其中"我是一个演员"这样的标志型台词更是周星驰内心对于自己表演道路的总结。周星驰通过《喜剧之王》来向世界宣告：他并非只是一个搞笑明星，他也有着强烈的人文诉求。通过这部电影，周星驰寻觅到了自己在哲学上的存在：他只有在作为一个演员时，才会有更大的作为。

影片讲述尹天仇一直醉心戏剧，想成为一名演员，平时除了跑龙套以外，还会在街坊福利会里开设演员训练班。舞小姐柳飘飘在尹天仇指导她表演的过程中对尹天仇渐生情愫。尹天仇受到了极多白眼之后，终于得到了大明星鹃姐的赏识，提携他担演新戏中的男主角，但临阵换角令他失望不已。这并非一部浅显的喜剧，而是属于周星驰的电影人生，《喜剧之王》以龙套演员这样的小人物为切入点，用辛酸去渲染的笑料在不经意间给予了观众共鸣性的感动。

2. 外国影片：《当幸福来敲门》

《当幸福来敲门》是由加布里尔·穆奇诺执导，威尔·史密斯、贾登·史密斯、桑迪·牛顿等主演的美国电影。

生活中不缺少幸福，只是缺少一双善于发现幸福的眼睛。如果你在寻找幸福的过程中迷失了方向，或者因为幸福的难以捕捉而沮丧的时候，《当幸福来敲门》会给你指明方向。影片取材真实故事，主角是美国黑人投资专家克里斯·加德纳。影片讲述了一位濒临破产、老婆离家的落魄业务员如何善尽父亲责任，奋发向上成为股市交易员，最后成为知名的金融投资家的励志故事。影片曾获得 2007 年奥斯卡金像奖最佳男主角的提名。

三、书籍推荐

《苏菲的世界》（乔斯坦·贾德著）

《苏菲的世界》是挪威作家乔斯坦·贾德创作的一本关于西方哲学史的长篇小说，它以小说的形式，通过一名哲学导师向一个叫苏菲的女孩传授哲学知识的经过，揭示了西方哲学史发展的历程。《苏菲的世界》被誉为 20 世纪百部经典著作之一。《苏菲的世界》

1991年首次以挪威文在挪威出版，1996年中国作家出版社推出中译本。

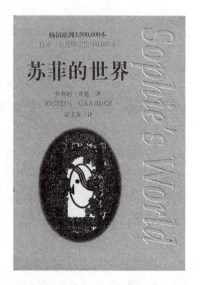

这不是"一本关于哲学史的小说"，而是一个当代拥护自然的人文主义者对哲学根源所做的选择性的探讨。在小说结尾，科学被认定是真理的裁判者；而唯物主义虽然教义不明确，却绝对是人类的最佳选择。《苏菲的世界》包含至少三个叙述者，分别是哲学家艾勃特、苏菲和席德，他们从各自的角度来观察和描述，这三个不同的视角组成三重叙述层面，相互交叉在一起，构成了这部小说的复调结构。《苏菲的世界》出版后，即被欧美许多学院选为哲学教科书。这本书有关哲学史的叙述与传统学院的叙述方法大相径庭，它力求与时代的发展及社会之演变搭上线，哲学因而能够不被架空成学究的观念游戏，变得比较可读。同时它也提示出了另一个重点，那就是哲学是有用的。

小贴士

帕累托原则

帕累托是19世纪意大利经济学家，由他提出的帕累托原则的主要观点是：生活中80%的结果几乎源于20%的活动。比如，是那20%的客户给你带来了80%的业绩，可能创造了80%的利润，世界上80%的财富是被20%的人掌握着，世界上80%的人只分享了20%的财富。因此，要把注意力放在20%的关键事情上。

9

第九单元

婚恋观的形成与发展

投我以木桃，报之以琼瑶。匪报也，永以为好也！

（选自《诗经·卫风·木瓜》）

你把木桃赠给我，我用美玉回送你。这不只是回报你，我是想永远和你相好。

（选自王昶《诗词曲名句赏析》）

我愿意把相爱看成是一种复杂系统，有生物学的因素、个性特征，有潜意识的重现，也有社会价值观的制约等。它们在同一时刻共同产生了一种"化学作用"，我们很难准确地区分是哪一种因素起了决定性的作用。

对爱情的付出与索取好比人生之舟左右两只木桨，而爱情正是那只舟。你只有在付出与索取的合适配合下，在均衡巧妙的节奏与力度配合下，才能避免那只舟在水中打旋、走偏，才能顺利地到达你所期望的彼岸。

在不同的文化架构下，我们对婚姻的解读不一样。对婚姻的感觉来源于我们头脑里对婚姻的观念，如果按照心理学家的解释，爱情不是两个人的，是自己的。婚姻主要是双方在价值取向上的一致性，如教育、消费、亲友关系、社会活动、兴趣、生活习惯等方面的彼此适应度，这是中国文化对婚姻的追求。

（选自李子勋《家庭的烦恼》）

学习目标

知识目标
领会爱情的定义和特点
掌握性心理的概念、内容以及性心理的调适
理解大学生常见的恋爱心理困扰及其调适

素养目标
树立正确的恋爱观和性观念,培养爱的能力
正确处理好恋爱中出现的各种心理困扰
摆正恋爱与学业、爱情与事业的关系,促进自身健康成长

心理科普

一、婚姻的本质及内涵

婚姻是什么？迄今为止我国法律尚未对婚姻进行明确定义。在《中华人民共和国婚姻法》《中华人民共和国民法典》中虽然限定了结婚的条件，规定了夫妻双方的权力义务，但未对婚姻的概念和本质做出界定。有学者认为，"婚姻本质是两性结合的伦理关系"。也有人提出，婚姻"是对人类性行为的制度性规范"。

在我国文化及制度背景下，婚姻具有这样一些特征：一是合法性，这是婚姻的本质属性。婚姻是受到法律认可并保护的契约关系，婚姻的成立必须符合法律规定，并完成法定的程序，如果现实中存在婚姻事实，法律条文也将予以部分承认，例如2001年修订的《婚姻法》第八条规定："要求结婚的男女双方……未办理结婚登记的，应当补办登记。"可见对未按照法定程序完成结婚登记的男女双方，法律仍然部分承认其婚姻关系。二是婚姻的主体是男性和女性，婚姻是男女两性之间的结合，同性的结合不能被认为是婚姻。在我国同性恋是不能被大多数人所接纳的，我国《婚姻法》也一直采用"男女双方"的描述，并不承认同性婚姻。三是婚姻的传统伦理。在我国传统伦理观念中，"不孝有三无后为大"，当代法律同样强调生育后代在婚姻中的重要性。现行法律也相继出台了二孩、三孩政策，如2021年8月修订的《人口与计划生育法》第一章第十八条第三条规定："国家提倡适龄婚育、优生优育。一对夫妻可以生育三个子女。"

二、爱情的本质及内涵

爱情是人类永恒的话题，始终吸引着人们的关注。它是美丽的，也是伤感的。它让人充满激情，激发人的灵感，它也深刻影响着人类社会的运行。

（一）爱情的定义

文学家对爱情的描述总是引人遐想。诗人伊萨科夫斯基说："爱情不是一颗心去敲打另一颗心，而是两颗心共同撞击的火花。"泰戈尔说："爱情是理解和体贴的别名。"罗曼·罗兰说："爱情是一种永久的信仰。"雨果说："爱，就是坚信不渝。"别林斯基说："爱情是生活中的诗歌和太阳。"歌德说："爱是真正促使人复苏的动力。"在中国，爱情是"死生契阔，与子成说。执子之手，与子偕老"，是"愿得一心人，白首不相离"，是"曾经沧海难为水，除却巫山不是云"。

哲学家关注爱情的本质。柏拉图是感性的，他认为爱情是一种精神的"迷狂"，是人的灵魂对于"美"的本体眷恋的表现，是一种纯粹的精神性活动。亚里士多德的观点更加理性，他用男女生理需要来解释爱情，但同时强调灵魂对爱情的影响。古罗马哲学家卢克莱修则完全继承了古希腊先哲爱情产生于自然欲望的主张，并将其推向极致。他视爱情为情欲的蛊惑，把爱情直接等同于肉欲，完全否认了爱情中理性因素的存在。

心理学家有着独特的视角，他们当中，有人把母子关系看作是爱情关系的原型；有人把爱的需求看成是人格缺陷的标志，认为对爱情的成瘾就是人格不健全的表现；有人则持相反的观点，认为完美的人格才能拥有爱情，当一个人的感情和性的需要在爱情中得到满足时，他看起来是最正常的。有人认为爱情不应该只局限在人格的领域，爱情应该是一个人的社会经历，它能使生活变得更有意义；有人认为，爱情是人在生理上被强烈地唤醒。

综上所述，爱情是指异性基于一定的客观物质条件和价值理念，在各自心中形成的最真挚的爱慕，并渴望对方成为自己终身伴侣的最强烈、专一和稳定的感情。

（二）爱情的本质

关于爱情的本质，我们可以首先明确一点：爱情是人类的一种高级情感。这种情感是复杂多变的，包含了生理、心理和社会三个方面的因素。

爱情的生理因素是人的生物本能，主要是美感和性欲。美感能使人心情愉悦，产生积极情绪和正向能量，因此才有赏心悦目的说法。人总是能在爱人的身上感受到美，进而产生更多的情感。性欲是更加强烈的本能，它构成男女互相爱慕的强烈动力。

爱情是人类独有的高级情感，除了生物本能在驱使以外，人的心理因素也在其中起着重要作用。在爱情中，人们追求的不只是生理快感，还有陪伴、默契、思想上的欣赏、对对方人品性格的喜爱等心理上的满足。正是有了丰富的心理因素在起作用，爱情才更加富有魅力。

人具有自然和社会双重属性，爱情也包含社会因素。爱情的出现总是伴随着社交活动，在交往过程中，人们不仅关注生理和心理上的满足，也会在意对方的社会背景，如家庭成分、学历、工作等，这些社会因素直接影响对对方的观感。此外，婚恋关系是一种社会关系，爱情生活也是在社会中生活，双方的行为都要受法律和道德等社会规范的制约，均需承担一定的责任义务。

三、校园爱情的特征及具体表现

进入大学后，随着生理发育的成熟和环境的改变，对爱情的向往与追求成为一种普遍现象。校园恋爱是许多人一生中难忘的宝贵经历，总有人感叹，离开校园以后，这样的爱情就不再有了。那么，校园爱情的独特之处有哪些呢？

1. 校园爱情的社会因素较弱

前文总结过，爱情包含生理、心理和社会三方面因素。校园爱情的首要特征在于其社会因素较弱，生理和心理因素占主导地位。大学生阅历较少，没有受社会风气影响，相对单纯。大学同学之间更多是样貌谈吐和性格个性的差别，在社会地位、社会影响力等方面差别不大。大学生恋爱的出发点更多是对爱情的好奇与本能渴望，相对比较纯粹。

2. 双方心理不够成熟

大学生心理尚未成熟，在恋爱方面普遍缺少经验。校园爱情常常是盲目的、冲动的。恋爱中的个体容易扭曲、误解他人的行为，或过分解读某些信号，进而产生强烈的情绪波动。恋爱中的个体是浪漫的，也是冲动的，会做出一些不理智的行为。处于恋爱中的人，心态较平常更不稳定，更加敏感，耐心下降。在恋情出现问题时，大学生的心理承受能力较弱，常有学生因失恋影响生活和学业，甚至引发心理问题。

3. 校园恋爱关系不稳定

由于校园爱情的社会性不强，恋爱双方往往缺少对未来的长远考虑，不会过多追求爱情的结果。对大学生来说，组成家庭、养育后代仿佛是一件比较遥远的事情，在选择恋爱对象、经营恋爱关系时只考虑眼前。大学恋人毕业即分手的现象大量存在，恋爱时分分合合也是常有之事。

对待校园爱情，我们应该树立更健康的爱情观念。爱情应该让生活变得更美好，校园爱情到来时，两个人应该互相激励、互相支持，出现矛盾时保持理性，坚决不伤害他人，保持积极平和的心态，减少对生活和学习造成的负面影响。

心理实践与体验

一、心理测量

（一）社会支持评定量表（肖水源版）

社会支持评定量表是肖水源于 1986—1993 年设计的。社会支持是影响人们社会生活的重要因素。社会支持从性质上可以分为两类，一类为客观的支持，这类支持是可见的或实际的，包括物质上的直接援助、团体关系的存在和参与等。另一类是主观的支持，这类支持是个体体验到的或情感上感受到的支持，指的是个体在社会中受尊重、被支持与理解的情感体验和满意程度，与个体的主观感受密切相关。目前采用的社会支持量表多采用多轴评价法。通过该量表可以了解个体的社会支持水平，能更好地帮助人们适应社会和环境，提高个体的身心健康水平。

请按各个问题的具体要求，根据您的实际情况选择对应的选项。

1. 您有多少个关系密切并可以得到其支持和帮助的朋友？（只选一项）
   (1) 一个也没有。　　　　　　　　(2) 1～2 个。
   (3) 3～5 个。　　　　　　　　　　(4) 6 个或 6 个以上。

2. 近一年来，您：（只选一项）
   (1) 远离家人，且独居一室。
   (2) 住处经常变动，多数时间和陌生人住在一起。
   (3) 和同学或朋友住在一起。
   (4) 和家人住在一起。

3. 您与同宿舍的人：（只选一项）
   (1) 相互之间从不关心，只是点头之交。
   (2) 遇到困难可能稍微关心。
   (3) 有些同宿舍的人很关心您。
   (4) 大多数同宿舍的人都很关心您。

4. 您与同学：（只选一项）
   (1) 相互之间从不关心，只是点头之交。
   (2) 遇到困难可能稍微关心。
   (3) 有些同学很关心您。
   (4) 大多数同学都很关心您。

5. 从家庭成员得到的支持和照顾（在合适的框内打"√"）

	无	极少	一般	全力支持
A. 夫妻（恋人）				
B. 父母				
C. 儿女				
D. 兄弟姐妹				
E. 其他成员（如嫂子）				

6. 过去，在您遇到急难情况时，曾经得到的经济支持或解决实际问题的帮助的来源有：

（1）无任何来源。

（2）下列来源（可选多项）：

A. 恋人。　　　B. 其他家人。　　　C. 朋友。　　　D. 亲戚。

E. 同学。　　　F. 老师。　　　G. 党团等官方或半官方组织。

H. 宗教、社会团体等非官方组织。　　I. 其他（请列出）。

7. 过去，在您遇到急难情况时，曾经得到的安慰和关心的来源有：

（1）无任何来源。

（2）下列来源（可选多项）：

A. 恋人。　　　B. 其他家人。　　　C. 朋友。　　　D. 亲戚。

E. 同学。　　　F. 老师。　　　G. 党团等官方或半官方组织。

H. 宗教、社会团体等非官方组织。　　I. 其他（请列出）。

8. 您遇到烦恼时的倾诉方式：（只选一项）

（1）从不向任何人诉述。

（2）只向关系极为密切的 1~2 个人诉述。

（3）如果朋友主动询问，会说出来。

（4）主动叙述自己的烦恼，以获得支持和理解。

9. 您遇到烦恼时的求助方式：（只选一项）

（1）只靠自己，不接受别人帮助。

（2）很少请求别人帮助。

（3）有时请求别人帮助。

（4）有困难时经常向家人、亲友、组织求援。

10. 对于团体（如党团组织、学生会、社团组织等）组织活动，您：（只选一项）

（1）从不参加。　　　　　　　（2）偶尔参加。

（3）经常参加。　　　　　　　（4）主动参加并积极活动。

该量表有 10 个条目，包括客观支持、主观支持和对社会支持的利用度三个维度。量表设计合理，具有较好的信度和效度，能较好地反映个体的社会支持水平。

计分方法：量表共 10 个项目，其中主观支持 4 个项目（第 1、3、4、5 项）、客观支持 3 个项目（第 2、6、7 项），对支持的利用度 3 个项目（第 8、9、10 项），分别计算各维度得分，分数越高，说明被试主观支持和客观支持水平较高，对社会支持的利用度也较好。

具体的记分方法是：第 1~4，8~10 条，每条只选一项，选择 1、2、3、4 项分别记 1、2、3、4 分；第 5 条分 A、B、C、D 四项计总分，每项从无到全力支持分别记 1~4 分；第 6、7 条如回答"无任何来源"，则记 0 分，回答"下列来源"者，有几个来源就记几分。

（二）成人依恋量表

成人依恋是指成人对其童年早期依恋经验的回忆和再现，以及当前对童年依恋经验的评价。成人人际关系发展完善与否和早期依恋经验有关，童年的依恋经验会在成长的过程中形成个体内部独有的心理工作模式或心理表征，如果在成长过程中亲子互动关系没有改变，它会影响到成年后亲密关系的建立、人际社会功能的表达以及人格功能和人格特质的形成。

请阅读下列语句，并衡量你对情感关系的感受程度。请考虑你的所有关系（过去的和现在的），并回答有关你在这些关系中通常感受的题目。如果你从来没有卷入情感关系中，请按你认为的状况来回答。

请在量表的每题之后的括号里填写与你的感受一致的分数，"完全不符"合计 1 分，"较不符合"计 2 分，"不能确定"计 3 分，"较符合"计 4 分，"完全符合"计 5 分。

1. 我发现与人亲近比较容易。（　　）
2. 我发现要我去依赖别人很困难。（　　）
3. 我时常担心情侣并不真心爱我。（　　）
4. 我发现别人并不愿像我希望的那样亲近我。（　　）
5. 能依赖别人让我感到很舒服。（　　）
6. 我不在乎别人太亲近我。（　　）
7. 我发现当我需要别人帮助时，没人会帮我。（　　）
8. 和别人亲近使我感到有些不舒服。（　　）
9. 我时常担心情侣不想和我待在一起。（　　）
10. 当我对别人表达我的情感时，我害怕他们与我的感觉会不一样。（　　）
11. 我时常怀疑情侣是否真正关心我。（　　）

12. 我对与别人建立亲密的关系感到很舒服。　　　　　　　　（　）
13. 当有人在情感上太亲近我时，我感到不舒服。　　　　　　（　）
14. 我知道当我需要别人帮助时，总有人会帮我。　　　　　　（　）
15. 我想与人亲近，但担心自己会受到伤害。　　　　　　　　（　）
16. 我发现我很难完全依赖别人。　　　　　　　　　　　　　（　）
17. 情侣想要我在情感上更亲近一些，这常使我感到不舒服。　（　）
18. 我不能肯定，在我需要时总能找到可以依赖的人。　　　　（　）

本量表包括3个分量表，分别是亲近、依赖和焦虑分量表，每个分量表由6个条目组成，共18个条目。本量表采用五级评分法，填几就得几分。其中2、7、8、13、16、17、18题为反向计分条目，在评分时需进行反向计分转换。

计分方法：先计算3个分量表的平均分数，再将亲近和依赖合并，产生1个亲近依赖复合维度。成人依恋量表－计分表见表9-1。

表9-1　成人依恋量表－计分表

亲近分量表	题号	1	6	8	12	13	17	平均分
	得分							
依赖分量表	题号	2	5	7	14	16	18	平均分
	得分							
焦虑分量表	题号	3	4	9	10	11	15	平均分
	得分							

亲近依赖复合维度计算方法为

亲近依赖均分 =（亲近分量表总分 + 依赖分量表总分）÷12

测量结果：依恋类型的划分标准如下。

安全型：亲近依赖均分>3，且焦虑均分<3。

先占型：亲近依赖均分>3，且焦虑均分>3。

拒绝型：亲近依赖均分<3，且焦虑均分<3。

恐惧型：亲近依赖均分<3，且焦虑均分>3。

测量解释如下。

安全型：反映了个体在人际关系中感到舒适，认为关系有价值，既有亲近感，又有自主性（对自我和他人都是积极的观点）。

先占型：具有焦虑和情绪化的特征，过度沉浸和依赖（人际关系对自我是消极的，对他人是积极的）。

拒绝型：特征是崇尚独立（对自我是积极的），否认渴望亲近（对他人是消极的）。
恐惧型：特征是焦虑、不信任和害怕拒绝（对自我和他人都是消极的）。

二、心理实践活动

（一）角色扮演——爱的表达与拒绝

活动目的：通过角色扮演，学生们可以学习爱的表达方式，并学会拒绝自己不爱的人。

具体操作：这是一系列的角色扮演，包括表白爱情，如何拒绝一个自己不爱的人，如何约会交谈等。在角色扮演过程中，先由指导者给出提示，再让学生进行角色扮演，然后进行评价、讨论、交流。

1. 如何表白爱情？

指导者提示：表达爱的方式多种多样，可以有以下方式：

用你的眼睛传达爱的信号。这是一种比较含蓄的方法。当对方注意到你的注视时，不要逃避，镇定地、坦然地凝望着他，把你的爱意表现在眼睛里。

以你的关爱行动来表示。用实际行动来表示对倾慕对象的关心和帮助。

用书信和写字条来传情。如果你无法用言语大胆表白的话，写下你爱的誓言也是很好的方法。

送去代表相思之情的爱情信物，如红豆、有着心形相框的个人照片、亲手做的首饰、荷包、手工艺品等，让对方睹物思人，懂得你的心思。最经典的表达方式就是送上一支红玫瑰。

请同学们选择其中一种方式或独创一种方式进行表白爱的角色扮演，然后进行评论和交流。

2. 如何拒绝一个我不爱的人？

指导者提示：想要婉转而又坚定地拒绝一份不想要的感情确实是一件不容易的事。

说"不"需要很大的勇气。在密切的人际交往中，如果一方提出了某种请求是你不能接受也无法允诺的，尽管你十分想拒绝，但最后要说出"不"并不是件容易的事，因为她（他）是你在意的人，你并不想伤害她。但如果你一时心软，说了声"是"，则很可能在不久的将来既伤害了自己，又伤害了她（他），而且伤得更重。人的感情勉强不得，更何况这是一份揉不进一粒沙子的爱情。不过，在拒绝之前，你一定要好好地问一下自己："我有没有真正弄清楚自己对他的感情？我是不是回答得太快了？我是不是还要好好地想一想？"如果你确定不爱他，那么就坚定地离开他，勇敢而温柔地说一句对不起。爱情是美好的，即使你真的不想接受这份感情，简单粗暴乃至伤害性的拒绝也是必须避免的。你可以拒绝一个爱你的人，但请不要伤害一颗爱你的心！

请同学们选择一种方式进行拒绝爱的角色扮演，然后进行评论和交流。

3. 如何与恋人约会？

指导者提示：建立感情和维系感情都不是一件简单的事。与恋人约会也要考虑不时变换约会的内容和形式。下面是一些约会的形式。

消遣游玩：逛街、看电影、听音乐会、参观博物馆、野餐、逛书店、看话剧、旅行、品尝美食、看日落、钓鱼、雨中散步、游公园、乘观光船游览……

运动：打球、放风筝、爬山、游泳、跑步、练健身操、骑单车、玩保龄球……

学习与进修：参加讲座、阅读书籍……

扩大社交圈子：参加朋友聚会、庆祝生日……

沟通思想：沟通双方对事物的看法，如对学校生活、交友体验、恋爱婚姻、金钱、前途与职业的看法以及自己的思想，生活中难忘的事，受挫折的经历……

约会交谈要准备一些话题。第一阶段可以从无关紧要的、比较虚的小事谈起，比如说，今天的天气真好，或者今天车可真堵。但要记住一点，有很多女孩子都不关注时事政治，所以男孩子想谈政治新闻时一定要先确定女孩子这方面的熟悉程度。又如，谈学业、双方都熟悉的人、校园生活等方面的事情，以及兴趣爱好等。如果有共鸣，肯定会有很多话题要聊。

接下来请同学们进行约会交谈的角色扮演，然后进行评论和交流。

(二) 心理成长笔记

请仔细阅读以下材料，结合个体婚恋知识及社会婚恋现状，谈几点对婚恋的认识和看法（100字以上）。

李清照是宋代文学的一个骄傲——在战乱中的雨中黄昏，悄悄站立了中国第一女诗人。

说起李清照，一开头就要与"两位文化高官"联系起来。在王安石、司马光都去世之后，形成了复杂的党争，司马光被划入了所谓"元祐党人"，被新的朝廷所否定，而李清照的父亲李格非也被指有牵连，罢职流放。这事本来已很悲哀，更悲哀的是，处理这个案件的是自己新婚丈夫赵明诚的父亲赵挺之。

李清照曾写信给自己的公公赵挺之，希望他能顾及儿子、儿媳、亲家的脸面，但是没有想到，公公赵挺之后来也受到了朝廷的打压。这种肃杀的政治气氛说明北宋已处于自我倾轧的泥淖之中，显然无法对付周边的虎视眈眈，尤其是无力对付北方的金国。

李清照和丈夫赵明诚面对父辈的名誉重压，百口莫辩，只能回到青州居住，过了十多年安静而又风雅的生活。赵明诚是一个远近闻名的鉴赏家，但身体不好，不久又犯了重病。在重病期间,曾有北方一位探望者带着一把石壶请他鉴定。不久,赵明诚不幸去世,很快有谣言传来,说他直到临死前还把一把玉壶托人献给了金国。

当时宋、金之间正在激烈交战,这个谣言触及了中国文化中的气节问题,这时李清照坐不住了,决心要为他洗刷名誉。这个诚实的女诗人想到了一个最笨拙的办法,那就是带上夫妻俩多年来艰辛收藏的全部古董文物,跟随被金兵追赶的宋高宗赵构一起逃难,以证明丈夫的清白。古董文物不少,一路装卸非常艰难,可怜的李清照就天天辛苦地押运着,追赶着朝廷的背影。宋高宗在东南沿海一带逃奔时,一度慌张地居住在海船上。可怜的李清照远远地跟随在后面,从绍兴,到宁波,再经奉化、台州入海,又经温州返回绍兴。宋高宗的这一路是狼狈的,李清照的这一路是荒诞的。她为什么会做这样的选择?我想只有一个答案,因为她是诗人。终于,极其疲劳的李清照在路上遇到了一位脑子比较清楚的亲戚,亲戚立即劝她终止这一毫无意义的颠沛流离。

这个时候,女诗人李清照已经年近五十。

她想来想去,决定告别过去,开始过一种安居的生活。正好一个军队的财务人员向她求婚。在当时,一个出身官宦之家的上层女子再婚会受到指责和嘲笑。但李清照决定走自己的路,表现出一种破釜沉舟般的勇敢。

但万万没有想到,这个人竟然是不良之徒。他以一个奸商的目光看上了李清照在逃难中已经所剩无几的古董文物。所谓结婚,只是诈骗的一个手段。等到古董文物到手,他立即对李清照拳脚相加,百般虐待。这个奸商的名字叫张汝舟。可怜到了极点的李清照,就在结婚三个月后,向官府提出上诉,要求离婚。

宋朝有一项怪异的法律,妻子上告丈夫,即使丈夫真有罪,妻子也要被官府关押一阵。但是,李清照宁肯被关押,也要离婚。结果离婚成功,张汝舟被问罪,李清照被关押,幸好没有被关押太久。

后来不少学者为了保护李清照的名誉,否定李清照曾经再婚并离婚。但是,他们虽然出于好心,却很难掩盖李心传、王灼、胡仔、晁公武等人的记载,而且我们现在还能读到李清照写给亲戚的一封信,信中也提到了这件事,她在信中担心自己再婚、离婚这件事,一定难逃后世的讥笑与诽谤。

女诗人就这样悄悄地进入晚年。于是,我们能真正读懂她写于晚年的《声声慢》了。

寻寻觅觅,冷冷清清,凄凄惨惨戚戚。乍暖还寒时候,最难将息。三杯两盏淡酒,怎敌他、晚来风急!雁过也,正伤心,却是旧时相识。

满地黄花堆积,憔悴损,如今有谁堪摘?守着窗儿,独自怎生得黑!梧桐更兼细雨,到黄昏、点点滴滴。这次第,怎一个愁字了得!

(选自余秋雨著《中国文化课》)

你的心理观点（100字以上）：

心理老师观点

一、如何理解爱情

爱情的本质是创造和培养。爱情和劳动是不可分割的。爱情是对生命以及我们所爱之物生长的积极的关心。

爱情由三个基本成分组成：激情、亲密和承诺。激情是爱情中的性欲成分，亲密是爱情关系中能够引起的温暖体验，承诺指维持关系的决定期许或担保，是爱情中的理性成分。达成这三个基本成分的平衡需要付出很多努力。大学生恋爱心理大致要经历理想对象构建、初恋、热恋、心理相撞调适、感情平静几个阶段。莎士比亚说，真诚的爱情不是一条平坦的路。大学生在拿到恋爱的入场券前，有必要了解大学生恋爱的普遍规律和特点，深入解读爱情的内涵，树立正确的择偶观，积极面对恋爱挫折，这是帮助大学生获得两性成长的必备珍品。

二、如何调适恋爱困扰或挫折

有的同学可能会思考这样一个问题，为什么我总是重复遭遇同一类的爱情困扰？为什么我总是遭遇同样的不愉快的情景，甚至是同一种不幸？比如，经常会陷入单恋的情景导致自己痛苦；比如，虽然在一起了，但是相处得非常的痛苦，丝毫没有爱情的美好；比如，有的时候甚至遇到同一类具有不良动机的交往对象。这些情况可能使我们觉得非常的沮丧，是不是在大学里面根本就没有美好的爱情——这可能是因为我们没有对爱情形成科学的认识。

每个人在爱情这条道路上都是相对曲折的。有的是因性格以及生活习惯的差异而分手，有的是因为遇到了新的恋情，觉得更喜欢现在这个男/女朋友，有的是因为遇到其他原因。不管失恋的原因是什么，都会对双方造成比较严重的心理创伤。有的人可能会陷入长期的消沉,有的人甚至会伤害自己或者是伤害对方。

单恋、多角恋、恋爱中断是大学生常见的心理困扰。针对这些困扰,我们该如何进行及时的调适呢?

首先来看一下单恋。单恋是一个情感的误会,我们要善于分别爱情和好感的区别,也许你对他不是爱情,只是一种好感。不要过于相信自己的感受,要学会判断和分析是不是产生了爱情。如果你目前处于单恋的状态,建议你尽快地走出来,这段"感情"不管是多么的"伟大",多么的"有意义",终究是一个虚妄的存在,是你自己想象出来的,它根本是不存在的。

其次来看多角恋。多角恋本质上是大学生的择偶观和爱情观,在某些方面不属于一个心理调适的问题。我们个人在处理情感时,既要理智,也要有相应的道德观念。要意识到,爱情不是一场戏,不能以游戏的态度来对待爱情。

再来看恋爱的中断,即失恋。失恋会带来强烈的痛苦,并且会持续一段较长的时间。针对失恋的心理调适,主要是如何避免在这段时间之内诱发过多的消极情绪,并做出一些不适宜的行为,可以通过阅读、旅行、倾诉以及运动等方式来释放自己的消极情绪,用这些行为来替代或消磨消极情绪,在这个过程中,可以学习一项新的技能,完成一件具有挑战性质的任务,从而通过升华的方式来避免自己过多地陷入痛苦的封闭空间。当然,无论如何,失恋对个体带来的伤害都是不可避免的,所以在必要的时候可以寻求专业的心理咨询,这样就可以根据具体的情况进行心理调适,从而改变认知,尽快从失恋的痛苦情绪当中走出来。

(心理老师 刘爱华)

三、心理老师手记

专一的爱情,很难吗?

心理求助

我是一名大二男生。最近我苦恼到无法做任何事。我很喜欢女友,但我们现在不断吵架。主要是我不能接受她举止随意,在我面前跟别的男生嬉哈、勾肩搭背地打趣闹腾也就算了,但最近,我无意中看到了她手机中别人发来的暧昧信息,我很生气、愤怒!我质问她,她却解释说不过是游戏中的"婚友"和开玩笑的打趣而已!其实我已多次跟她说我不喜欢她这样的行为,甚至"冷战"过。她也很生气,怪我大惊小怪、为人刻板,也同意要改变,但总是转头就忘!我知道,她心地不坏,大大咧咧,率真随性,但我真的很难接受她的这种随意,我也有众多的追求者,但我都决绝地处理了,为什么她就不能和我一样,对感情认真和专一呢?我真的太刻板了吗?我该怎么解决我们之间存在的问题?

咨询回复

你的诉说，不禁让我想起歌手李宗盛曾唱起的"爱情它是个难题，叫人目眩神迷"。我猜，也许你并未目眩，只是有些神迷罢了。不难看出，你对这份感情很认真，在这段关系中亦是甘愿付出和努力的，你有着正确的恋爱观念，坚决拒绝其他追求者，也能自我控制，以最大的包容心和女友交流以维系这段感情，有时候会自我催眠似的多看对方的闪光点。

可惜，你的努力并未让你获得到你想要的爱情和爱人，也没有有效解决你们在恋爱观上根本分歧，甚至让你未感受到平等和被尊重。恋爱本身就是一场初见，因为年轻，我们显得有些不成熟，对于恋爱的本质也许理解得不够透彻，也许会忽略了这样一个事实，恋爱是两个人的事，不是一个人的想象与付出，恋爱本身也许并无对错之分，但一定有契合与否之说。不妨问问自己，你们是否真的契合？时间是检验爱情契合和经久度的良石，相信你此时的愤怒、伤怀、不甘和放不下，终有一日都能随着生活和时光的流逝，找到答案，寻找到出口！只要坚守恋爱的正确价值观，终有一天你能获得属于自己的爱情！

（心理咨询老师　徐彬）

延伸阅读

一、中国心理学家及其观点

关于中国古代婚姻，中国科技大学人文与社会科学学院张丛林教授对儒学伦理思想与中国古代婚姻观念流变之间的关系进行了梳理。他指出，先秦时期，处于初创阶段的孔门儒学伦理思想对婚姻的制约还不突出，女性在婚姻中还享有一定的自主权，并在恋爱中也常常表现出明显的主动性。秦汉至隋唐，儒学伦理思想对婚姻的制约日渐强化，反映在婚姻问题上除了强调在婚姻家庭中丈夫拥有对妻子的统治权以外，还要求显示婚姻双方各自家庭社会地位、身份的门第的等同。明清两代统治阶级大力倡导妇女守节，并形成相关制度，从而使片面要求妇女守节的风气愈演愈烈，贞操观比较典型地暴露了儒学伦理思想落后腐朽的本质。

山东师范大学历史系秦永洲教授从中国古代婚姻风俗的特点出发，对中国人的婚姻观念进行解析，认为中国人恋爱、结婚、情欲、生子是顺延而至的，是一个完整的体系，而不是分离的；重婚礼，轻法律；主动求婚者低下，被追求才高尚，有着"男不亲求，女不亲许"的印记。

二、影片赏析

1. 中国影片:《无问西东》

《无问西东》由李芳芳自编自导,章子怡、黄晓明、张震、王力宏、陈楚生领衔主演的剧情片,于2018年1月12日在上映。影片讲述了四个不同时代却同样出自清华大学的年轻人,对青春满怀期待,也因为时代变革在矛盾与挣扎中一路前行,最终找寻到真实自我的故事。

"如果提前了解了你所要面对的人生,你是否还会有勇气前来?"《无问西东》带领观影者穿越整个世纪,看见四位主角在最好的年纪接受考验,在最坏的年代享受生活。该片最初是作为向清华大学百年校庆献礼的作品,片名《无问西东》取自清华大学校歌中的一句歌词:立德立言,无问西东。片中台词"这个时代缺的不是完美的人,缺的是从自己心底里给出的真心、正义、无畏、同情"堪称经典。

2. 外国影片:《美丽心灵》

《美丽心灵》是由朗·霍华德执导,罗素·克劳、艾德·哈里斯、詹妮弗·康纳利、保罗·贝坦尼等主演的剧情片,该片于2001年12月21日在美国上映。获第74届奥斯卡金像奖最佳影片、最佳导演等奖项。

影片讲述了英俊而又十分古怪的数学家约翰·纳什念研究生时便发表了他的博弈理论,短短26页的论文在经济、军事等领域产生了深远的影响,他开始享有国际声誉。但纳什出众的感受性受到了精神分裂症的困扰,使他向学术上最高层次进军的辉煌历程发生了巨大改变。

面对这个曾经击毁了许多人的挑战,纳什在深爱着的妻子艾丽西亚的相助下,与被认为是只能好转、无法治愈的疾病做斗争。经过十几年的不懈努力,完全通过意志的力量,他一如既往地坚持工作,并于1994年获得诺贝尔奖,他在博弈论方面颇具前瞻性的工作也使博奕论成为20世纪最具影响力的理论,而纳什也成了一个拥有美好情感和美丽心灵的人。

三、书籍推荐

《爱的艺术》(艾里希·弗洛姆著)

《爱的艺术》首次出版于1956年。该书是一部以精神分析的方法研究和阐述爱的艺术的理论专著，被誉为爱的艺术理论专著中最著名的作品之一。

爱是一门艺术，要求人们有这方面的知识并为之付出努力。《爱的艺术》这本书要告诉读者的是：爱情并不是只需要身心投入的情感，而是与人的成熟程度有关。本书试图说服读者，如果不努力发展自己的全部人格并以此达到一种创造倾向性，那么一切爱的尝试都会失败。如果没有爱他人的能力，如果不能真正谦恭地、勇敢地、真诚地和有纪律地爱他人，就不可能得到满意的爱。

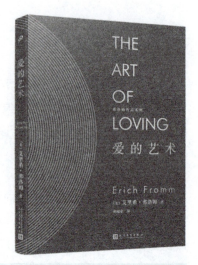

> **小贴士**
>
> **男女思维方式存在差异**
>
> 男性和女性在思维方式、看待问题和处理问题、情感表达方式等方面都具有很大的差异。当你真正走入两种不同性别的人的世界，你会发现他们似乎来自不同的星球，会惊异于两者有如此大的差异。你需要记住的是，了解两性差异是经营好爱情的必要前提，否则两人间的矛盾可能会如火星撞地球般惨烈。

10

第十单元

健康生活与职业生涯

居天下之广居，立天下之正位，行天下之大道。

（选自《孟子·滕文公下》）

大丈夫应当在合乎仁德的宽敞的房子里，站在天下最崇高的地位上，推行天下最光明的仁爱之道。

（选自杜占明《中国古训辞典》）

朱子曰：为学之道，莫先于穷理。穷理之要，必在乎读书。读书之法，莫贵乎循序而致精。而致精之本，则又在于居敬而持志。

做学问的方法，不过就是要先穷究事物之理。穷究事物之理的要点，一定是在于读书。读书的方法，不过就是重视按照合理的次序来达到精通。而想要达到精通，最根本的又在于要持身恭敬，坚持志向。

（选自（清）陈宏谋《中华文化讲堂注译·五种遗规》）

学习目标

1 知识目标

理解生命的本质与意义

了解大学生生命价值的困惑及应有的生命观

了解职业生涯规划

2 素养目标

能基本辨析正常与异常心理

树立积极的生命观

具备职业生涯规划意识

心理科普

一、生命教育的内涵

生命教育旨在教人认识生命,尊重生命,珍爱生命,探索生命的意义,实现生命的价值。生命教育是舶来品,20 世纪下半叶由美国学者华特士首次倡导和践行生命教育。生命教育最初主要关注的是反吸毒,预防艾滋病、自杀、暴力等问题,这些现象在今天仍然广泛存在,威胁着人们的生命。大学生对新事物的探索和接受能力都很强,但心智尚未完全成熟。因此,大学生生命教育意义重大。

(一) 生命的内涵

生命,迄今为止并没有统一的定义,人们从不同的角度对它进行诠释。在我国古代,生命一词最早出现在《战国策·秦策三》:"万物各得其所,生命寿长,终其年而不夭伤。"这里生命指的是生物的生存与活动。晋《陈农要疏》:"当今秋夏蔬食之时,而百姓已有不赡,前至冬春,野无青草,则必指仰官榖,以为生命。"这里的生命是指事物生存的条件。唐代韩愈《感二鸟赋》:"余生命之湮阸,曾二鸟之不如。"这里的生命是指命运。《六祖坛经·行由》:"猎人常令守网,每见生命,尽放之。"这里的生命是指生物。

在西方,哲学家对生命有许多思考。法国的伯格森认为,宇宙、世界就是一股"生命之流",绵延向前、无始无终。生命并非一个确定的"物",而是一种永恒的力量、一种神奇的活力。借助此种活力,世界在不断演化、变迁、更新。德国的狄尔泰则从人本身出发,关注精神世界的一切,认为生命是指处于相互联系的构成社会历史文化中的人类个体精神生命。

不同学科对生命也有着不同界定。生物学认为生命是蛋白质存在的一种形式,是一种具备稳定的代谢现象,能回应刺激,能进行自我复制的物质系统。医学强调大脑活性,认为脑死亡是真正的死亡。法学则认为,生命是法律主体始于出生、终于死亡的整个过程。

综上所述,人的生命是指人的活动能力,包括呼吸、心跳、代谢等生理活动和思维、情绪、情感等心理活动。

(二)生命的价值

首先,生命的获得是极其幸运的。以宇宙之浩瀚,人们至今仍未发现第二颗存在生命的星球。人的发育是从受精卵开始的,而两亿精子中只有一颗与卵子结合。从受精到分娩,人的诞生是一个奇迹般的过程,这个过程并非永远一帆风顺。在古代,婴儿和胎儿的夭折率要比现代高很多,人们将妇女生孩子视为"鬼门关"。即便在医学发达的今天,生育后代仍然不是一件轻松的事,期间可能存在的风险极多。因此,每一个平安出生、顺利长大的人都应该认识到生命的来之不易。

其次,生命的体验是精彩多元的。我们生活在一颗美丽的星球上,得以欣赏高山大海、森林湖泊的自然景观,感受春夏秋冬的不同风情。我们建立了人类社会,人与人之间紧密联系在一起,喜怒哀乐伴随着人的一生。只要用心,任何人都能享受到生命的美好。

最后,生命只此一次。人的生命是短暂的,没有再来一次的机会。

(三)如何珍爱生命

生命的存在是依托一定物质基础的。珍爱生命,首先就要注意保持身心健康。良好的身心状态能极大提升生命体验,因此,我们应该养成良好的卫生习惯,多锻炼,保持乐观开朗、积极向上的心态。

生命在于探索和发现,我们应该保持求知欲,用充满热情的心态面对人生,积极探索未知的认知边界,寻找生命的意义。

最后,我们既要珍爱自己的生命,也要珍爱他人的生命。

二、亚健康生活的主要类型及表现

20世纪80年代中期,苏联布赫曼教授通过研究发现,除了健康状态和疾病状态之外,人体还存在着一种非健康非患病的中间状态,称为亚健康状态。根据中华中医药学会发布的《亚健康中医临床指南》:亚健康是指人体处于健康和疾病之间的一种状态。处于亚健康状态者,不能达到健康的标准,表现为一定时间内的活力降低、功能和适应能力减退的症状,但不符合现代医学有关疾病的临床或亚临床诊断标准。世界卫生组织(WHO)的一项全球性调查表明,真正健康的人仅占5%,患有疾病的人占20%,而75%的人处于亚健康状态。亚健康在经济发达、人民生活条件好的国家与地区更为常见。

造成亚健康的成因有许多,恶劣的环境、过大的压力、不良的生活方式等都可能导致亚健康状态的出现。下面介绍几种在大学生当中常见的可能导致亚健康的不良生活方式。

1. 不良饮食习惯

不良饮食习惯主要有以下几种：一是偏食挑食，导致营养不均衡，造成某些营养成分的缺乏；二是厌食，导致营养不良；三是暴饮暴食，高脂肪、高热量、高钠盐摄入多，纤维素摄入少，导致营养过剩，脂肪堆积造成肥胖；四是不注意饮食规律，不按时吃饭。

2. 不良运动习惯

首先是缺乏运动，久坐，导致心、肺、肝、肾等内脏器官功能降低，肌力下降，自主神经功能失调。其次是部分学生运动过度，不加节制，造成肌体疲劳，关节过度磨损，增大受伤隐患。最后是运动时不注意方式方法，热身不到位，动作不标准，增大运动损伤概率。

3. 不良卫生习惯

不良卫生习惯包括个人卫生习惯与环境卫生习惯。勤洗手、保持衣物干净卫生和身体洁净、早晚漱口刷牙等属于良好的个人卫生习惯；勤通风、经常打扫卫生、消毒、注意空气质量等属于良好的环境卫生习惯。反之，则可能成为亚健康状态的诱发因素。

亚健康状态是在不断变化发展的，既可向健康状态，也可向疾病状态转化。究竟向哪方面转化，取决于自我保健措施和自身的免疫力水平。向健康状态转化，则需要采取自觉的防范措施，加强自我保健，合理调整膳食结构等措施。当代大学生要时刻注意自己的健康状态，一旦处于亚健康状态，要积极调整，使其向健康状态转化。

三、职业生涯规划

职业生涯（Career）是有关工作经历（Work-Related Experiences）的过程或结果。从严格意义上讲，职业发展只是有关工作经历的过程，而职业生涯还包括结果。职业生涯规划是基于职业生涯发展理论来进行的，该理论诞生于美国，最早是以"职业指导"形式出现的，即帮助择业者确定职业方向，进行职业选择，并谋求职业发展的咨询指导过程。职业生涯是人一生中重要的历程，是追求自我、实现自我的重要人生阶段，对个体实现人生价值起着决定性作用。大学时期是为即将开始的职业生涯做准备的关键期，了解职业生涯发展理论，进行职业生涯规划，对大学生无疑具有重大意义。职业生涯理论包括职业生涯选择理论和职业生涯发展阶段理论。

（一）职业生涯选择理论

职业生涯选择理论主要关注个体特质和职业选择相匹配的问题，其代表性理论有帕森斯"职业-人匹配理论"、霍兰德"职业性向理论"以及施恩"职业锚理论"。

1. 职业-人匹配理论

帕森斯（Parsons）是美国波士顿大学的教授，被誉为"职业辅导之父"。他的

"职业-人匹配理论"认为个别差异现象普遍地存在于个体心理与行为中,每个个体都具有自己独特的能力模式和人格特质,而某种能力模式及人格模式又与某些特定职业存在着相关性。因此,个体既要了解自己的兴趣爱好、需求、性格,又要了解职业的性质与要求,这样才能找到与自己相匹配的工作。

2. 职业性向理论

霍兰德认为,人格或人的个性(包括价值观及需要等)是个体选择职业的一个重要因素。他将人分为6类:实际型、研究型、社会型、艺术型、企业型、常规型,同一类型的劳动者与职业互相结合,便可达到适应状态。霍兰德的"职业性向理论"重点在于将职业进行分类,结合劳动者的心理素质和择业倾向将劳动者分为不同的类型,为劳动者寻找适合自己的工作提供了依据。

3. 职业锚理论

美国心理学家施恩教授提出"职业锚理论"。"锚"是使船只停泊定位用的铁制器具,职业锚是个体在职业生涯早期习得的职业价值观,其实际工作经验与自身的才干、动机、需要和价值观相符合,并由此逐渐发展成为更加清晰全面的职业自我观,以达到自我满足和补偿的一种长期稳定的职业定位。施恩教授将职业锚分成5种不同的类型:功能能力型职业锚、管理能力型职业锚、创造型职业锚、安全/稳定型职业锚、自主/独立型职业锚。

(二)职业生涯发展阶段理论

职业生涯发展阶段理论关注个体职业发展不同阶段的特点,在此基础上对职业生涯发展做出更清晰的规划。下面介绍几种职业生涯发展阶段理论。

1. 舒伯的职业生涯五阶段理论

美国职业生涯规划大师舒伯将人的生涯发展划分为成长、探索、建立、维持和衰退5个阶段,并将成长阶段、探索阶段、建立阶段各分为3个子阶段。成长阶段(出生到14岁)主要发展对人生意义的认知,建立正确人生态度。探索阶段(15~24岁)主要在学校度过,通过学习与实践,对自我能力和社会角色定位进行探索。建立阶段(25~44岁)追求职业的上升与稳定。维持阶段(45~65岁)的主要任务是维持现有成就与地位。衰退阶段(65岁以上)逐渐离开工作岗位,重点是寻求新的生活方式。

2. 哈维格斯特的综合适应发展理论

美国心理学家哈维格斯特认为,人在社会上顺利生活的本能不是天生的,而需要后天进行学习和探索。在人生的不同阶段,人必须完成一定的学习任务。若未能完成,则会使人沮丧、不安,还可能阻碍以后的社会发展。他将人的生涯发展分为婴儿期与儿童早期(0~6岁)、儿童晚期(6~12岁)、青少年期(12~21岁)、成年期(21~40岁)、中年期（40~60岁）和老年期（60岁以上）。大学生主要处于青少年期，这一阶段的主要任务是接受个人的基本条件，进行正常的社交，情绪情感上不再依赖他人，树立起经济上独立的意识，积极学习技能知识，为就业做好准备。

3. 金斯伯格的职业生涯发展阶段理论

美国职业指导专家金斯伯格的研究重点是从童年到青少年阶段的职业心理发展过程，他将职业生涯发展分为幻想期（11岁之前）、尝试期（11~17岁）和现实期（17岁之后）三个阶段。幻想期的个体希望快速成长，其情感色彩很浓，情绪不稳定，易盲目冲动。尝试期的个体开始思考今后的职业生活，并为自己树立奋斗目标。现实期的个体能更加脚踏实地地进行职业规划。

心理实践与体验

一、心理测量

气质类型测试（见表10-1）

指导语：本问卷共60题，可大致确定人的气质类型。如果题目中的描述与自己的情况"很符合"，记2分；"较符合"记1分；"一般"记0分；"较不符合"记-1分；"很不符合"记-2分。

表10-1 气质类型测试

序号	项目
1	做事力求稳妥，一般不做无把握的事
2	遇到可气的事就怒不可遏，心里面藏不住话
3	宁可一个人做事，不愿与很多人一起
4	到一个新环境中能很快适应
5	厌恶那些强烈的刺激
6	和人争吵时，总是先发制人，喜欢挑衅
7	喜欢安静的环境
8	善于和人交往
9	羡慕那种善于克制自己感情的人
10	生活有规律，很少违反作息制度
11	在多数情况下情绪是乐观的
12	碰到陌生人觉得很拘束
13	遇到令人气愤的事，能很好地自我克制

(续)

序号	项目
14	做事总是有旺盛的精力
15	举棋不定,优柔寡断
16	在人群中觉得很自在
17	情绪高昂时,觉得干什么都有趣;情绪低落时,又觉得干什么都没有意思
18	当注意力集中于某事时,别的事物很难使我分心
19	理解问题比一般人快
20	在危险情境下,有一种极度恐惧感
21	对学习、工作怀有很高的热情
22	能长时间地做枯燥、单调的工作
23	只有在感兴趣时,才会干劲十足
24	一点小事就能引起情绪波动
25	讨厌做那些琐碎细致的工作
26	与人交往不卑不亢
27	喜欢热闹
28	爱看感情细腻、描写人物内心活动的文艺作品
29	工作学习时间长了,常会感到厌倦
30	不喜欢长时间讨论思索,更愿意实际动手尝试
31	宁愿侃侃而谈,不愿窃窃私语
32	给别人闷闷不乐的印象
33	理解问题比别人慢半拍
34	疲倦时只需要短暂的休息就能够恢复精神,重新投入工作
35	心里有话不愿说出来
36	认准一个目标就希望尽快实现,不达目的誓不罢休
37	学习、工作同样一段时间,常比别人更感到疲倦
38	做事有些莽撞,常常不顾后果
39	在别人讲授新知识、技术时,总希望讲得慢一些
40	能够很快忘记那些不愉快的事
41	完成一件工作总比别人花费更多的时间
42	喜欢大运动量的体育活动
43	不能很快地把注意力从一件事转移到另一件事情上去
44	总希望把任务尽快解决
45	更倾向于墨守成规,而不是冒险

(续)

序号	项目
46	能够同时注意几件事物
47	当烦闷时,别人很难帮得上忙
48	爱看情节起伏跌宕、激动人心的小说
49	对工作抱认真严谨、始终如一的态度
50	和周围的人关系总是不甚协调
51	喜欢做熟悉的工作
52	希望做变化大、花样多的工作
53	小时候会背的诗歌,仍然记得很清楚
54	别人觉得我"出语伤人、不会说话",可我并不觉得是这样
55	在体育活动中,常因反应慢而落后
56	反应敏捷,头脑机智
57	喜欢有条有理的工作
58	兴奋的事常使我失眠
59	接受新概念慢一些,但一旦理解了,就很难忘记
60	假如工作枯燥乏味,马上就会情绪低落

记分方法及解释说明。

"多血质":4、8、11、16、19、23、25、29、34、40、44、46、52、56、60题的得分之和。
"胆汁质":2、6、9、14、17、21、27、31、36、38、42、48、50、54、58题的得分之和。
"黏液质":1、7、10、13、18、22、26、30、33、39、43、45、49、55、57题的得分之和。
"抑郁质":3、5、12、15、20、24、28、32、35、37、41、47、51、53、59题的得分之和。

若某项得分超过20分,则为典型的该气质类型;若某项得分在20以下、10以上,其他各项得分较低,则为该气质的普通型;若各项得分均在10分以下,但某项得分较其他高(相差5分以上),则略倾向于该气质。一般说来,正分越高,表明该气质特征越明显;负分越大,表明越不具备该气质类型的特点。若两种气质类型得分接近,其差异低于3分,而且明显高于其他两种,高出4分以上,则为两种气质类型的混合型。若3种气质类型的得分均高于第4种,而且接近,则为3种气质的混合型。

气质类型特点如下。

多血质:反应迅速、有朝气、活泼好动、动作敏捷;情绪不甚稳定,粗枝大叶;对一切吸引注意力的东西做出生动的、兴致勃勃的反应;有高度的可塑性,容易适应新环境,善于结交新朋友;一般为外倾性格,情感容易发生,言语表达富于感染力;但多血质的人热情容易消退,在不能提供足够挑战和刺激的事务中,容易萎靡不振。

胆汁质:精力充沛但脾气暴躁,整个心理活动表现为迅速而突发的特点。胆汁质的人态度直率、精力旺盛,能以极大的热情投入工作,具有较高的主动性;但有时表现出缺乏耐心、脾气暴躁、冲动、感情用事、好挑衅等特征。

黏液质:安静稳重但反应较慢,沉重有余而灵活不足。反应性较低,情感不易发生和外露;有良好的自制力,遇事不慌不忙;但容易因循守旧,缺乏创新精神。一般为内倾性格。

抑郁质:感觉敏锐但耐受性差。抑郁质的人最大的优势是心思敏锐、体验深刻、富于想象力,他们能体察出其他类型的人无法觉察到的信息;也正因为他们加工的信息比别人多,所以更容易受到伤害,表现出多愁善感、挫折承受力差的特点;主动性较差,性格退缩被动,但对于认准的事常表现出很强的坚韧性。

四种气质类型有明显的区别,但在现实生活中,很少有人表现为某种典型的气质特征,大多数人都是混合型或中间型,同时具有几种气质的优缺点。

二、心理实践活动

(一) 自我人生的探索

画一条线代表你的生命线,起点是你的出生时间,终点是你预测的最后寿命年龄。然后在这条线上找到你现在的位置。请仔细思考以下问题。

第一,在过去的日子里,最难忘的三件事。

1. _____

这件事收获了什么?

_____

2. _____

这件事收获了什么?

_____

3. _____

这件事收获了什么?

_____

第二,在今后的日子里,最想实现的三个愿望。

1. _____

实现的年龄及时间:_____

2. _____

实现的年龄及时间：_____

3. _____

实现的年龄及时间：_____

（二）心理成长笔记

请仔细阅读以下材料，结合大学学习生活及个人体验，进行分组讨论，并提出自己的观点（100字以上）。

生命价值的构建与应用

1995年，北京大学。一个19岁，名叫张俊成的农村娃，身穿深绿色的保安制服，扎着黑色的武装带，戴着大盖帽和一副白手套，身姿笔挺地站在砖红色的院墙外。看着一个个套着T恤衫的学生，裹着中山装的教授，甚至西装革履的外宾交错从他身旁走过。

张俊成的老家在山西，家里有7个孩子。因为经济困难，大哥大姐一天学也没上过，三哥被过继给了亲戚，他是唯一上完初中才辍学的。

从那时起，张俊成下定决心："长大后一定要走出大山，绝不再过这种被庸常和苦难淹透了的生活。"

在北大当上保安之前，张俊成以为北大就是"北大荒"。每次听到这个地方的时候，他总在心里嘀咕："那比我们家还穷，还用考？"直到他穿上北大保安制服的那一刻，忽然发现：自己面前永远有一堵更高的墙，墙外是更大的世界。

穿上保安制服，站到北大西门，他每天执勤站岗、检查证件、接打电话……

看着眼前络绎不绝、拍照留影的路人，看着进进出出、气质谈吐不凡的教授学者，看着朝气蓬勃、谦恭有礼的学生，张俊成觉得没有比这再好的工作了。所以，他分外珍惜。

张俊成一度以为那个山西少年马上就要翻过那座被贫穷和自卑困住的大山。可就在这个时候，自以为站上山顶的他，却被一根小小的"手指"轻易推落山崖。

北大西门长久以来都是著名的打卡点，经常有外国人慕名而来。有一天，7个外国年轻人，没有证件，又不会说中文，叽里咕噜地嚷嚷着就要往校园里闯。张俊成正在当班，当然不肯轻易放行。看到一个不懂外语的保安百般阻拦，这些外国年轻人脸上立刻露出了轻蔑和不满。一番交涉无果，这群外国人悻悻而归。

但是在走到马路对面的时候，他们却排成一行，对张俊成竖起大拇指。张俊成发现对面的一排大拇指齐齐掉了个，再看人家的表情，这分明就是一种侮辱。

那一刻，张俊成的内心充满了悲凉。这个19岁的年轻人回到宿舍，忍不住给母亲打了一个电话："妈，我不干了，我要回家，我天生就是种地的命。"

了解事情的原委后，母亲反问："你闯出名堂来了？"不等他回答，母亲便挂断了电话。电话里的忙音响了很久，张俊成也冷静下来。一个人想要别人看得起，首先要自己看得起自己。不是欺负我不会英文吗？我去学。

被羞辱后的第二天，张俊成买了两本英语书。白班站岗不能看，张俊成就在值夜班的时候自学到凌晨三点。一天夜里，一位女老师经过，好奇地问他："在干嘛？""阿姨，我在读英语。"张俊成倒也坦然。女老师很是赞赏，只是接下来的一句话，却把张俊成闹了个大红脸："好学是个好事情，可我听你读了有几天了，以为你说的是德语。你要这样说，会把外国人气疯了。"说完还帮他纠正了发音，并且记下了他的名字。

张俊成原以为和女老师的交集点到即止，没想到一个月后，保安室里突然来了一个电话说是找小张。原来，那个给张俊成纠正发音的女老师是北大英语系教授曹燕。他收到了两个礼物：一张蓝色的是英语强化培训听课证；一张白色的是成人高考培训班听课证。

在曹燕看来，若非这一个多月来，她亲眼见证了一个年轻人的坚持，也不会轻易交出这份礼物。与其说曹燕给了张俊成一次成长的机会，不如说张俊成为自己打开了那一扇本已经被焊死的天窗。

张俊成在北大的日子里，到底有多努力？

用他自己的话说就是："我见过每一个时间点的北大。"当年的北大保安可没有谁想过参加高考，张俊成算是开山鼻祖。

杨绛曾说：人要成长，必有原因，背后的努力与积累一定数倍于普通人。所以，关键还在于自己。不同程度的放纵，必积下不同程度的顽劣；不同程度的锻炼，必取得不同程度的成绩。张俊成的英语，从一开始与人对话连蒙带猜，到后来和他交流过的人说他"英语说得比普通话还溜"。他要参加高考，可中断了好几年学业，只能一门门课去攻关。

半年后，张俊成上演"扫地僧"般的传奇，通过成人高考，考上了北京大学法律系（专科），成为"北大保安高考第一人"。自此，他终于堂堂正正地从北大的"门外"走到了"门内"。接着张俊成又花了3年时间，守着厚厚的专业书籍，抱着英语辞典、法典，一点点啃下每一个艰涩难懂的知识点。最后，13门专业课他全部通过，成功拿到了北京大学法律专业自考专科毕业证。在他的带动下，当年有十余位保安相继攻读自考或参加成人高考。

1999年，张俊成的名字早已经成为北京大学的一张名片。他的故事被写进《北大燕园卫士》校刊，照片被印到了北大的地图册上。还受邀去各大高校演讲，被同学们争相合影。

可就在这个时候，张俊成婉拒了北大的挽留，甚至放弃了"给家属解决工作问题"的诱惑。他回到了家乡长治，成了一名中学老师。"我要把在北大学到的东西，带给家乡的孩子。因为我比谁都清楚，'落后'是什么滋味。"张俊成怀着最朴素的愿望，在三尺讲台上深深地扎下根来。

从一线教师，到政教处主任，到副校长，再到2015年和4位朋友一起联手创办长治市科技中等职业学校，成为一校之长，张俊成一天都没离开过讲台。

"看到读不下去书的学生，我更是格外注意，不读书不行，起码我看见了就是不行。

我要复制北大老师对自己的无私奉献的精神,这应该也是教授们愿意看到的。"

如今,张俊成的学校有1300名学生,其中绝大多数都是农村孩子。曾经北大西大门前的那个19岁小保安,被北大的老师们悉心呵护过,如今他也在用老师的身份尽心尽力去滋养着一批又一批的寒门学子。

他始终坚信:"教育是一项良心工程。比起北大老师对我这个小保安的照顾、施恩,我真的太渺小。"

你的心理观点(100字以上):

心理老师观点

一、如何理解职业生涯

《士兵突击》中有一句经典台词:"你经历的每个地方、每个人、每件事都需要你付出时间和生命。"凡经历过的,就必然会在你的生命中留有痕迹,因为你为此付出过时间、精力和生命。这本质上是一种对人、对事有所承担、有所负责的体现。

职业生涯发展理论认为个体的职业生涯可归纳为一系列的生命阶段,包括成长、探索、建立、维持、衰退,每个阶段的转换受到环境和个人因素影响,并以此带来新的成长与探索机遇。个人职业生涯的发展可以通过培养个人能力和兴趣,指导个人实践,从形成自我概念方面着手。事实上,职业选择的历程是自我概念实践的历程,而自我概念在青少年晚期逐渐稳定与成熟,将在职业生涯选择与适应上持续发挥影响力。

在当代大学,学校教育除了提供学生学习必备的谋生技能和专业知识外,更重要的是培养"生涯发展"的理念,帮助他们澄清职业价值观,了解自己的优点和缺点,并能结合可用资源,发挥个人潜能,规划个人近程和远程的人生蓝图,以实现自我理想,经营美好的人生。

理解知识与人生

人在本质上乐于求知的,如荀子提出:"凡以知,人之性也;可能知,物之理也。"求知是作为区别于动物的本性之一,所以,人对知识与学习的厌倦并不是由于人类自身的原因，而是由外在原因所诱发。

人的全部现实生活是由知识所构建的，每个人之所以从事相应的活动，或者说他这些活动之所以可能，就是因为他具备了相应的知识基础，比如工作、娱乐、交往、身体锻炼；我们的身份也是由知识构建的，不同民族、阶层、种族和性别也总是接受不同的知识，因而也形成了相应的民族性或宗教性、阶层特点、种族歧视与性别差异。

生存和发展是人生的两大基本主题，我们必须运用理智的力量来完成生存与发展两个基本任务。没有知识，就没有理智；没有理智，人类也就根本不能站立、行走、交往和从事各种劳动，就不能获得所需要的物质生活资料或条件。"知识改变命运"，并非知识本身直接改变命运，而是有了知识后，能够使我们不断地丰富自己的经验系统，通过知识发现了新的、无限广阔的生存与发展空间，从而为命运的改变创新了思想条件。无知的人，由于根本缺乏对生存和发展多样性的认识，只能活在自己个体的感受性和片段的经验中，导致陷入宿命论或决定论的泥坑。

当然，知识也是一把双刃剑，一方面，我们要高度重视知识在人类生活中的作用，另一方面，我们对于知识的看法也要超越庸俗的功利主义和盲目的乐观主义。只有这样，我们才算真正理解了知识和人生的关系。

（选自石中英《教育哲学》）

二、心理老师手记

难以自控的我

心理求助

我是一名大二男生。我寻求帮助是因为我觉得难以自控。早些天我跟同学发生了口角冲突，冲动下，我叫来了校外的朋友对他进行报复。事情发生后，班主任不听我解释，一味地指责和批评我，我一时难忍跟班主任激烈地吵了起来。后来学院决定给我处分，尽管学院其他老师跟我说处分到期会解除，我还是觉得我的名誉受损了，我想不通，也很愤怒，我很想发泄出来，我甚至觉得有点控制不了这种想法了。我该怎么办？

咨询回复

同学，你好！三言两语间，你的愤怒和蠢蠢欲动跃然纸上。我能想象，现在的你满怀愤怒、焦灼、压抑和困顿。比起努力地去理解和接纳你的痛苦，我和你一样，更关注你的冲动和难以自控。让人庆幸和欣赏的是，你愿意进行求助，这是你自己意识到这种冲动、爆发性破坏后的选择；也是你虽未想通，却仍在努力尝试理智地解决问题的姿态，这是一个成熟、理性的人在面临困难、挫折时最美的姿态。冲动是魔鬼，或许你已经从此事中看到了它的破坏力和引致的后果，只是暂时有些不知所措；或许你也已经真正认识到了自控是多么的重要，只是暂且难以对它心悦诚服和五体投地；但这一切都会过去，你将成长，必将成熟，一个正在成长且逐渐成熟的人必将能够换位思考、控制冲动。祝好！

（心理老师　徐彬）

美丽与美食之间

心理求助

我是一名大一女生。我喜欢美食，总忍不住偷吃喜欢的东西，吃完后又总觉得自己会长胖，很内疚，很有负罪感。尽管别人都说我属于偏瘦型，但我觉得那是安慰我。我觉得自己胖，不够漂亮，腿粗，五官也不精致，比不上我那些相熟的优秀的朋友。哪怕这样，我那些朋友都还很注意节食瘦身，努力在变得更漂亮，这让我心里警铃大响，我不想落后，我严格按照瘦身营养餐进食，并持续运动，但我还是觉得自己吃得太多了，吃后心里很不安。更糟糕的是，不知道为什么，我现在便秘越发严重了，这让我越发焦虑烦闷。我该怎么办才好？

📢 咨询回复

爱美之心，人皆有之。只是，对美的定义和感受，不同的时代、不同的人都会不同。不知你对美的定义是什么？

我相信，每个人对于美的定义标准是不一样的，所以表现的方式也各有不同。有的人觉得每天穿漂亮的衣服是美，每天换不同的妆容是美，而有的人认为，腹有诗书气自华才是美，才华横溢是她对美的终生追求。总之，没有人不爱美，没有人不想美，我们对美的执着追求，绝不会因时间的推移而发生任何改变。

建议你澄清梳理一下，你对于美的看法和观念是什么，又是如何形成的？还建议你去认真咨询一下专业的健康顾问或专业医生，你的瘦身营养餐、进食量及运动量是否适合你、是否有利于健康？更建议你外出，多与形形色色的人打交道，听听他们对美的定义是什么？或者不妨问问自己，除了瘦之外，美还有什么定义与内涵？除了变美变漂亮之外，你还有什么其他喜欢的、想做的、可做的事情？俗话说，过犹不及。健康的身体是上苍和父母给予的恩赐，珍惜修缮是好事，切勿过度迷恋和迷失。

老师认为，美丽的外表只经得起一时欣赏，而好的性格与涵养才经得起时间的相处。美的外表很重要，但是否有美丽的语言、美丽的成绩、美丽的举止、美丽的生活习惯、美丽的饮食规律、美丽善良而智慧的心灵，以及是否愿意为了以上的美而不懈努力，不断完善美的品质，这正是我们当代所有女生要去思考的问题。天生丽质不可强求，但我们可以在理性追求身形、容颜之美的同时，重新诠释美的真正意义：外表美丽动人，落落大方，内在自尊自爱、关爱他人，性格里多点理解宽容，内心里多点才情才气，不断实现对美的真正追求！

（心理老师　徐彬）

\\ **延伸阅读** //

一、中国心理学家及其观点

王夫之是明末清初唯物主义心理学思想家,因晚年隐居于湖南衡阳石船山,被称为船山先生。他所提出的形神观和心物观都十分符合辩证法。他认为,人的感觉必须直接与外界事物接触才能产生相应的心理活动,而与外界事物接触的频率直接影响着主体心理的丰富性和深刻性,即"多闻而择,多见而识,乃以启发其心思而会归于一"。他还提出"心为境迁",以发展的眼光来看待心物关系,从人趋利避害的本性出发,指出人的感情会因"境遇不齐"而发生变化。在天人的关系上,王夫之将"交相胜,还相用"的理论向前推进了一步,认识到人的成熟与发展可通过不断地改造自然而获得,并提出人的活动必须遵循自然的规律,而人性的发展与完善体现了天人的统一。人性完善发展不是凭空而来的,必须在不断地改造自然过程中逐步完成,人的天赋自然性要通过"日生日成"加以完善,而这一过程将贯穿人生的始终。

王夫之还提出了人贵论,认为人所以贵于动物的原因,在于人有许多后天习得的能力,"禽兽终其身以用其初命,人则有日新之命矣",动物依靠与生俱来的本能获得生存,但人却没多少,但能通过后天的学习与训练获得"习能",前者是有限的,后者则会随着生命的继续不断得以生长,这正是人的可贵之处。

二、影片赏析

1. 中国影片:《一九四二》

《一九四二》由华谊兄弟公司和重庆电影集团联合出品,该片改编自刘震云的小说《温故一九四二》,由冯小刚执导,张国立、陈道明、李雪健、张涵予等人主演,2012年11月29日上映。

《一九四二》取材于1942年发生于河南的大饥荒,讲述的是中国人民的苦难。该片以1942年河南大旱,千百万民众离乡背井、外出逃荒的历史事件为背景,分两条线索展开叙述:一条是逃荒路上的民众,主要以老东家范殿元和佃户瞎鹿两个家庭为核心;另一条是国民党政府,他们的冷漠和腐败、他们对人民的蔑视推动和加深了这场灾难。2013年,该片获得了第32届香港电影金像奖最佳两岸华语电影、第3届北京国际电影节天坛奖最佳影片等奖项。

2. 外国影片:《沉默的羔羊》

《沉默的羔羊》是一部改编自托马斯·哈里斯同名小说的惊悚电影,由乔纳森·戴米执导,朱迪·福斯特、安东尼·霍普金斯等人主演。1991年该片在美国上映。1992年该片获得第 64 届奥斯卡金像奖最佳影片、最佳男主角、最佳女主角、最佳导演、最佳改编剧本奖。

该片讲述了实习特工克拉丽斯为了追寻杀人狂野牛比尔的线索，前往一所监狱访问精神病专家汉尼拔博士，汉尼拔给克拉丽斯提供了一些线索，最终克拉丽斯找到了野牛比尔，并将其击毙。

《沉默的羔羊》是 20 世纪 90 年代以来深刻反映美国社会犯罪问题的经典之作，堪称恐怖、惊悚、契合心理哲学的时代经典。影片故事继承了好莱坞恐怖片的传统，然而影片的叙事方式却突破了恐怖片的模式，它颇具匠心地将恐怖片与侦探片巧妙地结合成一体。虽然影片场景设置以封闭的室内环境为主，缺乏激烈火爆的动作性，但由于采用了悬念手法和现代恐怖片的心理分析方法，使得整部影片的情节扑朔迷离，将观众引入了一个象征性的人类潜意识的世界。影片通过探索人物心理疾患，试图探寻当代美国社会恐怖的根源，这使得影片的主题得以深化，影片一直在寻找人类社会的恐怖之源，最后得出了一个"由于秩序本身的问题造成的，反过来危及秩序的犯罪病例"的结论，这使得影片从另一层面上讲又具有了一定的社会意义。

三、书籍推荐

《平凡的世界》（路遥著）

《平凡的世界》是一部现实主义小说，也是小说化的家族史。全书共三部，1986 年 12 月首次出版，1991 年 3 月获中国第三届茅盾文学奖。2019 入选"新中国 70 年 70 部长篇小说典藏"。

该书通过复杂的矛盾纠葛，以孙少安和孙少平两兄弟为中心刻画了中国社会各阶层普通人的形象。劳动与爱情、挫折与追求、痛苦与欢乐、日常生活与社会冲突频繁地交织在一起，深刻地展示了普通人在大时代历史进程中所走过的艰难曲折的道路。

作品最高难度地浓缩了中国西北农村的历史变迁过程，达到了思想性与艺术性的高度统一，特别是主人公面对困境艰苦奋斗的精神，对今天的大学生朋友仍有启迪。

第十一单元

新时代的数字化公民

网络空间是人类共同的活动空间,网络空间前途命运应由世界各国共同掌握。各国应该加强沟通、扩大共识、深化合作,共同构建网络空间命运共同体。

(选自习近平在第二届世界互联网大会上的讲话)

中国学生发展核心素养以培养"全面发展的人"为核心,分为文化基础、自主发展、社会参与三个方面,综合表现为人文底蕴、科学精神、学会学习、健康生活、责任担当、实践创新六大素养,具体细化为国家认同等18个基本要点。

其中,"学会学习"素养中第三个基本要点为"信息意识"。"信息意识"指能自觉、有效地获取、评估、鉴别、使用信息;具有数字化生存能力,主动适应"互联网+"等社会信息化发展趋势;具有网络伦理道德与信息安全意识等。

(选自林崇德《21世纪学生发展核心素养研究》)

学习目标

1 知识目标
了解互联网对个体认知的影响
熟悉常见的网络心理问题

2 素养目标
主动顺应信息化，提升媒介素养
掌握网络心理自评与调适策略

心理科普

一、互联网对世界的重塑

在新时代，互联网如同空气和水一样无处不在，互联网已经深刻地改变了全球的政治、经济、文化、社会等各个方面，也深刻地改变着我们的日常生活，我们几乎离不开互联网，我们的学习、生活和工作都与互联网密切相关。

那么在今天这样一个网络时代，我们应该如何看待互联网以及如何使用互联网，比如，我们每天在网上耗费的时间越来越多，应该如何分配我们有限的注意力？我们在使用互联网的过程中，都会受到网络的影响，我们应该如何做到趋利避害？我们在学习、工作和生活中，应如何更好地利用互联网提高效率，以适应时代的发展？这就涉及媒介素养。

在人类历史上，不同的媒介主导着当时的社会交往和信息传播，同时也影响着当时的知识生产。纵观历史，由不同媒介所引发的传播革命主要有以下四次。

第一次传播革命：文字的发明。文字的出现使得人类信息的传播突破了口语传播状态下时间和空间的限制，人类的文明和知识得以用文字的形式保留下来，信息不会被轻易扭曲、丢失或重组。文字让人类跨越了野蛮时代，进入到了文明时代。

第二次传播革命：印刷术的发明。印刷术的发明使原来只属于上流社会的书籍真正走入寻常百姓家，自此，知识的垄断被打破，大众传播时代真正到来。这是印刷术所带来的革命。

第三次传播革命：电报及电子媒介的发明。电报发明以后，解决了长距离传播的技术难题。电报催生了广播和电视，把以往点对点的传播技术改为点对面的传播技术，即时的全球传播成为可能。电报及广播电视的发明让人类社会进入了电子时代。

第四次传播革命：互联网的发明与普及。到了 20 世纪 80 年代后期，互联网技术的发明带来了全新的传播时间和空间的秩序形态，它以突破时空、突破地域的独特优势，引发了第四次传播革命。这次传播革命让人类发现了技术所拥有的巨大解放力，使全球不同国家和地区的公民借助互联网住进了"地球村"。

二、互联网传播的特点及影响

互联网的发展对现实世界和人类认知正产生着深刻的影响，可以从特征属性的角度来探讨互联网产生革命性传播的原因，总结互联网传播特点。

（一）互联网传播的特点

互联网传播的特点主要有三个：数字化，交互性，超时空。

1）数字化。互联网是一种可以集文字、声音、图片、影像为一体的多媒体平台，通过数字化技术弥合了视听媒介与纸质媒介间的介质鸿沟，实现了视、听、读的有机结合，任何介质形态的内容在互联网平台上都可以储存、复制与交换。

2）交互性。交互性是指传播者与受众之间的双向互动，或者说是任何两个传播节点之间相互勾连与反馈的可能性。网络传播的交互性使得传播者与受众之间的沟通，受众与受众之间的沟通得以双双实现，同时，互联网超链接的信息罗织技术，让不同的信息组群能够进行互动、勾连与整合。

3）超时空。理论上，当网络传播技术足够普及和开放时，互联网传播可形成"4A"（Anyone，Anytime，Anywhere，Anything）状态，即任何人在任何时间、任何地点可与任何人进行任何内容的交流。互联网连接到哪里，网上信息就能传播到哪里，互联网的数据能保存到何时，信息就能传播到何时。一般来说，互联网的传播是超越时间与空间局限的。

（二）互联网传播的影响

互联网传播除了对现实世界的政治、经济和社会产生巨大影响外，也对人们认识世界的思维和观念产生了深刻的影响。

1）"身体的延伸"与媒介依赖。现在，手机或平板电脑已经成为许多人生活的必需品，人们几乎是"机"不离手，一旦失去了手机，多数人会感到焦虑不安，仿佛与外界失去了联系。使用手机正成为嵌入日常生活的基本"生活保障"：闲暇时用手机获取资讯打发时间；看演出时用手机进行直播；跑步时用手机记录数据；吃饭前用手机订餐，或者给美食拍照，上传到微信朋友圈，手机等移动媒介已经无法离身。使用手机，可以随时随地获取信息，这确实给我们带来资讯、消费和生活的便利，但也可能由于过度依赖手机，导致人们的生活、工作过多地被媒介所控制，从而形成严重的媒介依赖。

2）空间化偏向与浅度思考。当人们越来越多地使用手机上网的时候，抽出时间阅读图书或独自静思的时间必然会减少。在减少对纸质媒体消费的过程中，公众的思维习惯也发生了一些改变。因为不同的媒介类型拥有不同的时间和空间偏向，长期使用某种媒介会对思维产生特定影响。当我们长期和过度使用互联网，我们的空间思维、全球意识等会被强化，而时间思维可能会逐渐弱化；当我们沉迷于网上只习惯于看碎片化的短文本时，对于长文本的深度报道及其背后蕴含的社会意义的理解能力可能会弱化；当我们使用手机在不同媒介终端之间频繁转换的时候，对重要内容的专注程度和注意力可能会不断降低。这些都是我们在使用互联网的过程中，互联网对我们的思维习惯所造成的直接或间接影响。

3）过度负载与注意力分散化。互联网具有海量信息、即时传输、免费获取等传播特点，使我们获取信息的便捷程度大幅提升，储存信息的容量快速增长，但同时也带来一些负面问题，比如：我们获取的信息多了，但真正阅读的信息量少了；我们存储的信息多了，但真正消化的信息少了；我们知道的信息多了，透彻了解的信息却在减少。互联网的过度使用和互联网信息的过度负载，以及我们对互联网媒介的过度依赖，很难带来知识的增长、视野的扩大与智识的提升。过度沉迷网络，会导致人们的注意力被极大地分散，拥有的时间被明显地碎片化。因此，我们需要对互联网保持一种警惕和反思，需要不断追问自己应该从哪些渠道，以何种方式来掌握需要的信息，我们需要合理地分配自身有限的注意力，而不能陷入同质化的信息海洋中。

4）效果：协同式过滤与群体极化。以微博、微信等为代表的网络社交媒体和以今日头条为代表的资讯客户端，主要采用信息传播的协同过滤、算法推荐等机制分发信息。以前，人们需要主动去寻找信息；现在，今日头条运用算法会主动把信息推送给你，如果你是一个足球爱好者，非常关注足球明星的微博和资讯，那么你获得的信息会越来越多地聚集在足球方面。在社交媒体上，选择关注什么样的人会决定你会获得什么样的信息，什么样的好友群体结构也将决定社交协同过滤的结果。在资讯平台上，你的浏览习惯和阅读偏好等数据会催生"信息茧房"效应。在这种"同声相应，同气相求"的信息环境中，人们在网上的讨论往往只会选择跟自己的观点相似、立场相近的群体进行对话，由此，人的认知、观点可能因反复强化而变得更加偏狭，发展下去可能会导致网络舆论生态偏向于群体极化。

理性的对话和共识的形成，需要在相对开放的平台中，与不同的人群围绕重要的公共议题进行持续的交流，这样才可能拓宽个人的视野，增强我们对相异观点的理解，从而能够更理性、更全面地看待事物。

三、大学生常见网络心理问题

互联网对大学生的认知、情感、人际交往都会产生重大的影响。网络拓宽了大学生的信息来源渠道，拓展了学生视野，增加和扩大了信息量，缩短了收集信息的时间，提高了信息汇集的效率，为大学生提供了更多自我学习的途径，为其自我发展创造了更多的条件。网络信息为人们的认知方式、思维方式、价值观念提供了更多的可能性。同时，网络也可能引起人们的认知冲突，特别是对于自制力差、判断能力不足的大学生而言，他们不懂筛选，一些错误的观点和信息可能会影响他们的认知能力，改变思想观点，弱化理想信念，引起认知的冲突。网络的开放性和平等性使许多大学生热衷于网络人际交往，网络世界成为其首选的"避难所"，使其暂时忘记现实生活中的挫折与困难，然而再次回到现实，需要解决的问题仍然没有得到解决，这会让他们更想去逃避，加深对网络的依赖，形成恶性的循环。在大学生群体中，比较常见的网络心理问题主要有以下方面：

（一）网络行为成瘾

网络成瘾是指在无成瘾物质作用下的上网行为失控，如网络操作时间失控难以自拔，沉溺于网络世界而导致个体明显的社会心理功能损害。

1. 网络成瘾的类型及表现

综合目前的大部分研究成果，大学生网络成瘾的类型主要有以下几种。

1）网络游戏成瘾。近年来，网络游戏在功能、种类和设计上都得到了超前的发展，网络游戏已经成为大学生课余生活的主要"大餐"，在寝室或者网吧，大学生将大量时间、精力和金钱花费在网络游戏之中，他们对网络游戏的诱惑力丧失了自我控制能力，在学习和游戏之间丧失了自我平衡能力。

2）网络色情成瘾。是指主要关注网上的色情音乐、图片和影像等。此类成瘾者经常沉迷于观看、下载和交换色情作品。

3）网络交际成瘾。大学生用聊天室、QQ等在网上进行人际交流。通过这些工具来建立人际关系、友谊甚至爱情等。这些成瘾的大学生将全部精力投注于在线关系或是虚拟感情之中，在线朋友很快变得比现实生活中的家庭成员和朋友更为重要。

4）网络信息成瘾。它包括强迫地从网上收集无用的、无关的或者不迫切需要的信息。这一类成瘾者花费大量时间致力于在网上查找和收集信息，伴随有强迫倾向和工作效率下降两个特征。

5）其他强迫行为。这一类成瘾者将大量时间、精力和金钱花费在网络讨论、赌博、购物和拍卖等活动之中，下载或更新毫无价值的软件，明知无必要，但又无法控制自己，并且往往放弃学习任务，破坏重要的人际关系。

2. 网络成瘾的界定

北京军区总医院中国青少年心理成长基地主任陶然教授领衔制定的《网络成瘾临床诊断标准》是网络成瘾疾病诊断的国家标准。这也是我国第一个获得国际医学界认可的疾病诊断标准。

为了解决网络诊断标准问题，陶然团队从2005年开始，先后对1200位网瘾患者进行了统计分析，在国际上首先提出网络成瘾是一种疾病，并总结出网络成瘾的 9 条诊断标准。

1）对使用网络的渴求。

2）减少或停止使用后的戒断。

3）耐受性增强，也就是网瘾越来越大，需要不断增加上网时间才能达到同样的满足程度。

4）对网络的使用难以控制。

5）不顾危害性后果。

6）放弃其他活动。

7）逃避问题或缓解不良情绪。

8）诊断须具备 1）、2）两条核心症状及后 5 条附加症状中的任意 1 条。

9）病程标准为平均每天非工作、学习日连续上网≥6 小时，符合症状标准≥3 个月。

3．网络成瘾的原因

1）网络自身的诱惑。首先，计算机和网络是人类创造的最新"玩具"，而且更新换代的速度非常快，具有很大的可操作性，能满足人们的控制欲。计算机提供了一个前所未有的机会给普通消费者，让他们有机会充分发挥自己的主观能动性，而不是作为一个被动的接受者和使用者。也就是说，计算机和网络的某些特性具有成瘾性。

其次，计算机网络交流与现实生活的面对面交流相比较，存在许多不同的特点，包括其语言特点、匿名性、多对多、即时性、范围广、自由度高等。这些特点使得有些人可以随心所欲地变换和塑造自己的品质和人格特点，具有很大的吸引力，很容易使人上瘾。

再次，网络游戏对大学生极具吸引力，它带来的高水准的数字化音像享受比以往任何一款游戏的真实性、互动性都强，游戏中人们分工扮演不同角色，很多人会被里面的虚拟感情所打动。在虚拟的网络世界里，灰姑娘转眼之间可以变成白雪公主，胆怯、貌丑、卑微的小男生可以伪装成风流倜傥的侠士。

最后，网络还是其他成瘾性行为的一个中介媒体。例如，网络可以很容易地成为赌博、游戏、性、暴力的便利媒体，并且在网络上也确实有许多这类信息和渠道。

2）网络的相关法规不健全，青少年是上网的主力军，尽管我国已实施了《互联网上网服务营业场所管理条例》，但是在许多地方并没有得到很好的贯彻执行，对网络的管理依然存在漏洞。

3）家庭环境的影响。许多家长对孩子缺乏教育和关心，一味在物质上满足孩子的要求，而忽视了他们的心理问题，使不少青少年将网络当作发泄情绪的场所。家庭环境对网络成瘾的影响主要集中体现在家长对子女的态度和教育方式上。

4）上网者自身因素。国内外调查结果显示，性格内向、敏感、交际困难的人容易上网成瘾。因为他们在现实中得不到自我实现的满足，因而很容易在网上找到属于自己的空间。许多人则把网络世界当成逃避现实的地方，当他们遇到家庭不和睦或生活中不顺心的事件时，就会到网络中去发泄。

5）网络自身的内在原因。网络成瘾从某种意义上说与染上吸毒、酗酒或是赌博等恶习没有什么区别。研究表明，长时间上网会使大脑中"内啡肽"水平升高，这种化学物质令人们出现短时间的高度兴奋，沉溺于网络的虚拟世界不能自拔，但之后的颓废感和沮丧感却较前更为严重。

(二) 网络情感依赖

1. 大学生网恋

网聊、网恋、网婚是大学生在网络活动中最感兴趣的主题，甚至成了高校的时尚，有的大学生网恋的对象还不少。许多大学生在生活中性格内向、不善言语、情感表达方式不当，常常会把现实中的感情转移到网络世界。在这里，他们能自由地表达自己的情绪和情感，从中得到安慰、关爱、自尊等。但是长时间对网络的依恋，往往会导致大学生情感的变化。由于网络本身具有特殊性，大学生网恋除了具有普通恋爱产生的一些原因以外，主要还有以下几个方面的原因。

1）感情表露和角色错位。正值青春期的大学生，具有较强的人与人交往的需求和愿望，他们期待友情和关爱，有与同龄人交往的心理需求。匿名性是网络最突出的特色之一，人们可以隐瞒自己的真实姓名、性别、身份、外貌、学历、所在地等标志性的信息。在网恋中，网络在缩短彼此空间距离的同时，也在缩短着彼此心灵的距离。在网络上还可以根据自己的喜好扮演一个满意的角色，现实生活中的缺憾也可以通过上网制造出来的虚拟来弥补，即使性格内向、胆小、不善交流的大学生在网络中也能找到自信。

2）同龄群体的从众性。通常，同龄群体行为的从众性在网络上也有体现。据调查，绝大多数有过网恋经历的大学生，其周围同学有过类似经历。从人际互动的角度上来说，家庭背景、思想观念和兴趣爱好等方面具有较大相似性的同龄人之间，最容易彼此发生人际吸引和人际影响。

3）缓解现实压力。很多高校对大学生谈恋爱都持"既不提倡，也不反对"的模糊态度。然而，对于大学生来说，家庭与学校的压力使他们不便谈恋爱。然而网络恋爱却因具有隐蔽性的特点而不容易被父母及学校发现，因而正被越来越多的大学生作为一种宣泄情感的方式。相当一部分大学生具有浪漫情结，选择了网上的新奇、浪漫，试图给自己的大学生活带来轻松和快乐。部分大学生认为，网恋没有现实的局限，可以比现实恋爱更生动、更精彩、更迅速、更直接。

2. 大学生网络情感异化

长时间接触网络会导致大学生情感的异化。网络虽然可以促进大学生的认知、情感、人格等心理和行为互动,然而它与现实的直接面对面交流是不一样的。青年时期是个体获得社会认同感的关键期,他们的喜怒哀乐是在其完成社会化的过程中必然会发生的,而实现这样一个过程,必备环节是将自己置身于现实人际互动中。但是在以计算机为终端的网络中,由于匿名性而隐藏的身份,使他们在充分表达自己的同时,也离现实社会越来越远,离现实的情感需求越来越远了。

(三) 网络行为犯罪

1. 网上破坏行为

当前,网络已成为人们生活中不可缺少的一部分。人们在享受网上冲浪,利用网络带来的各种便利的同时,也会受到大量的不文明及犯罪行为的骚扰。例如,肆意的辱骂和人身攻击,恶意的灌水和刷屏,大量的垃圾邮件,网络黑客攻击,传播网络病毒等。

一部分大学生在网络发表过激言论,散布政治谣言,发表不健康文章,对领导和教师进行人身攻击。有的大学生甚至对网上境外恐怖分子和西方反动势力的反动宣传进行附和。这都是造成高校不稳定的因素,并会对社会造成危害。还有一些大学生利用所学的计算机技术进行网上犯罪,给社会带来的损失重大。

2. 网络色情行为

随着网络技术的发展,利益驱动导致网络色情的形式与内容在不断升级。如今,网站、网络社区、博客等利用色情文字、图片与视频吸引网民,成为他们提高点击率的主要方式。据保守估计,目前全世界网络色情网站至少有 70 万个,而且仍以每天 200~300 个的速度增加,其爆炸性增长的速度令人始料不及。涉世未深的大学生辨别能力与自我控制能力相对较弱,无疑是最大的受害者。大学生接触到的网络色情主要有以下几种:第一,通过网络手段进行色情服务。第二,网上色情图片、电视、电影的下载。第三,网上色情文学。第四,网上色情短信。第五,网上色情交流。大学生应提高警惕,避免不良信息的误导和毒害,用正确的态度来对待这些垃圾信息。

心理实践与体验

一、心理测量

网络成瘾量表(陈淑惠版)(见表 11-1)

请根据自己的情况进行打分。其中,"非常符合"计 3 分,"符合"计 2 分,"不符合"计 1 分,"极不符合"计 0 分。

表 11-1　网络成瘾量表（陈淑惠版）

序号	项目	非常符合	符合	不符合	极不符合
1	曾不止一次有人告诉我，我花了太多时间在网络上				
2	如果有一段时间不上网，就会觉得心里不舒服				
3	我发现自己上网的时间越来越长				
4	断线或接不上时，我觉得自己坐立不安				
5	再累，上网时都会觉得自己很有精神				
6	我每次都只想上网待一下子，但常常一待就很久不想下来				
7	虽然上网对我日常与同学、家人的人际关系造成负面影响，我仍未减少上网				
8	我曾不止一次因为上网而一天睡眠时间不到 4 个小时				
9	从上学期以来，我平均每周上网的时间比以前增加许多				
10	我只要有一段时间不上网就会情绪低落				
11	我不能控制自己的行动				
12	我发现自己因为投入在网络上而减少了与周围朋友的交往				
13	我曾经因为上网而腰酸背痛，或者有其他身体不适				
14	我每天早上醒来，想到的第一件事就是上网				
15	上网对我的学业已经造成了一些负面影响				
16	我只要一段时间不上网，就会觉得自己好像错过什么				
17	因为上网的关系，我与家人的互动少了				
18	因为上网的关系，我平常的休闲活动时间减少了				
19	我每次下网后，其实要去做别的事，却又忍不住再上网看看				
20	没有网络，我的生活就没有乐趣可言				
21	上网对我的身体造成了负面影响				
22	我曾经试想花较少的时间在网络上，却无法做到				
23	我习惯减少睡眠时间，以便能有更多的时间上网				
24	比起以前，我必须花更多的时间在网络上才能得到满足				
25	我曾经因为上网而没有按时进食				
26	我因为熬夜上网而白天精神不济				

统计结果：0~20 分为高免疫人群；21~40 分为一般免疫人群；41~60 分为网络依赖严重者；61~78 分为网络成瘾严重者。

二、心理实践活动

（一）心理主题班会

主持人：班主任或年级辅导员。

时间：70分钟。

地点：多媒体教室或户外体育场。

班会主要内容如下。

第一阶段：心理测试——网络成瘾量表。

第二阶段：头脑风暴。

具体活动环节如下。

1. 请大家每人说一句流行的网络用语。

2. 用纸球传递的方式控制话语权，让每个同学都有发言的机会。以同样的方式进行第二轮发言。话题为自己上网的经历及感受，并做自我评价。

3. 开展对网络的评议，引导学生进行思辨。

4. 运用思维风暴的方法让大家把网络世界和现实世界进行区分，并列举出来。

5. 让学生探讨网络成瘾现象，就正确认识网络达成共识。鼓励学生相互交流问题解决的方法，达到互相辅导和帮助的作用。

第三阶段：主持人总结陈词。

（二）心理成长笔记

请仔细阅读以下材料，结合具体的学习生活及个人经验，就健康上网、提升媒介素养、主动传播正能量、做理性的网络公民等问题进行分组讨论，并提出自己的观点（100字以上）。

群众没有真正渴求过真理，面对那些不合口味的证据，他们会充耳不闻……凡是能向他们提供幻觉的，都可以很容易地成为他们的主人；凡是让他们幻灭的，都会成为他们的牺牲品。

（选自《乌合之众》）

如果你看过《乌合之众》，那么你一定认可这个观点：大多数人都是懒于独立思考的。尤其当处在复杂多变的社会中时，个体会被群体牵着鼻子走，是再常见不过的事了。

举个例子：某些直播平台为了骗取用户打赏，会在直播开始时自动匹配若干机器人混充"人头"进入房间，虚刷礼物数据，制造出繁荣热烈的假象，吸引"昏头昏脑"的用户掏钱打赏。

"直播间里，除了我，都是机器人。"如此真相，令人毛骨悚然。

更令人震撼的例子是一条声讨中学食堂的微博。微博配图触目惊心：反复冷冻的"僵尸肉"、发霉的蔬菜、会褪色的紫米……家长愤慨、悲痛的一词一句都砸在网友的心上，当时绝大多数网友只看到一句话，就气得义愤填膺，恨不得连按转发，狠狠曝光这所无良学校。但是，在监管部门的调查介入下，事情发生了让所有人都想不到的转机。原来，整起事件是学生家长为激起民愤，专门做好的"局"罢了！

所谓的图片证据，也不过是虚张声势，家长用还未融化的冰假扮霉菌，用咖喱粉充当给鸡块染色的"硫黄"。微博文字也是漏洞百出，冷冻是合理的保鲜手段，不影响营养价值，正常的紫米内含花青素，原本就会褪色。只要放大图片仔细辨认，或是查找相关食品营养常识，便能发现端倪。但绝大多数人直接"扔掉"了自己的大脑，跟着大部队一路狂奔，任由"信息"来蚕食自己。

不会独立思考，这一点人们即使意识到了，也仍然会食髓知味，就像"上瘾"一样无法摆脱。

就像电影《楚门的世界》一样。自小生活在桃源岛上的楚门，其实一直活在影棚里、镜头前，他的一举一动都是全球直播的真人秀素材。在这个虚假的世界里，除了楚门，其他人都是演员；而这些演员释放的信号，无不影响着楚门的意识。剧组安排他的父亲葬身大海，于是他便会恐惧直达影棚边缘的海洋；身边人不停灌输"桃源岛是世界上最好的地方"，于是他便会安于此地，不动离开的念头。但只要他细心观察便会发现：自己的妻子时常对着虚空说一些尴尬的广告词，马路上的车子总是那么几辆兜来转去，离开桃源岛的一切尝试都会受到莫名阻拦。

电影的最后，楚门凭借个人的意志走出了影棚，全世界人民为之喝彩。而欢呼过后，电视机前的两个保安说道："来看看有什么别的节目。"楚门"真实"的新生活开始了，可活在"现实"中的观众，却依旧在病态的娱乐泡影里沉沦。

这一切的根本原因，在于人们只是对当下的事件做出了反应，却没有寻根溯源，找出整个世界的运转模式。那么，如何在琐碎的信息中，仍然能看清一切，看清楚世界背后操纵着一切的"红线"？这时拥有自己的思考模式，就十分重要且必要了。

若我们能够把握自身、他人和社会运行的规律，就能从宏观角度定位自己所处的阶段，打破思维局限，扩展思考边界，在发展的趋势中消解个人芝麻绿豆般的烦恼，学会"诗意地栖居在大地之上"。

你的心理观点（100 字以上）：

心理老师观点

一、如何理解手机依赖

手机依赖是指个体过度使用手机导致其身心健康以及社会功能受到影响的一种行为成瘾。2019年第44次《中国互联网络发展状况统计报告》显示，目前我国使用手机上网的网民数量已超过8亿。手机网民数量不断上升的同时，带来的是手机使用问题，过度使用手机已成为一个不可忽视的问题。

网络成瘾者有无法"耐受"表现：需要不断增加自己上网的时间，才能感到与之前一样的愉快感、满足感；实际上网的时间和频率常比计划的更多、更长。上网时神采奕奕，下网后无精打采，感到生活毫无乐趣。生活受到影响：为了上网不惜放弃其他的事情，如交友、学习；为了有更多的时间上网而改变自己的生活方式，通宵达旦地留在网上，甚至不吃饭、不洗漱；遇到问题只会回到网络，麻痹自己，发泄情绪。

网络成瘾会造成学业损害，对学习的兴趣减弱，常不交作业、缺课、成绩下降，甚至辍学，长此以往会使智能受到影响。不愿意与父母、同学交往，逐渐变得对待他人十分冷漠，长此以往人际关系受到明显损害。上网时间过长，出现头晕、头痛、颈背痛、睡眠障碍、食欲下降、消化不良、体重减轻、易疲劳等生理不适。严重的可导致免疫功能降低，引发心血管疾病及眼睛方面的问题。在心理和行为方面都会出现情绪问题，轻者表现为精神不振、悲观消极、丧失自信、缺乏兴趣和动机，重者产生自杀意念和行为；在行为上敏感冲动，与父母冲突，出现家庭暴力、离家出走、行为越轨，甚至犯罪；向父母、老师或朋友说谎，隐瞒自己的网络迷恋程度，以及上网所花费的时间和金钱等。

网络具有"匿名性""便利性"和"非现实性"的特点，这使网络具有巨大的吸引力，构成了网络成瘾的外因。从心理学上对网络成瘾进行研究，从大量的案例来看，网络成瘾与手机依赖都是表面现象，背后是每个成瘾者存在深层次的心理问题或困扰，比如在现实生活中没有办法获得成就感、认同感、获得新生，没有现实生活中的快乐，就会转而从网络上获取快乐、释放压力以及逃避现实。如果你发现自己有网络成瘾的趋向，处理的总体原则就是首先主动脱离网络环境，在真实的世界里寻求各种支持，以创造更多在现实生活中可以取得的成就或快乐。

（心理老师　刘爱华）

二、心理老师手记

手机与唠叨

心理求助

我是一名来自外地的大一学生,独生子,父母晚婚晚育才有了我。我平时回家的时间也不少,可是一回到家后就要被父母唠叨。原因是我除了睡觉时间,在家的其他时间几乎都花在玩手机上了,B站、淘宝、抖音、快手、游戏、电视剧等,我的手机几乎不离手,好像它比什么都重要,父母盼望着我回家能陪他们聊聊天,可是,我把时间都给了手机,甚至连吃饭都在看手机,根本没有心思与父母交心,说自己的心里话。父母看到我这样,难免会说我几句,这时候我却还不高兴了。我真不知道怎么处理手机和父母的平衡关系了。

咨询回复

感谢你的来电,给予了老师们充分的信任。你提到你不知道怎么处理手机和父母的平衡关系,其实你心里有答案——只是我们无法控制来自手机的诱惑。首先,老师知道手机对你的重要意义,对很多人来说,它是生活的一种寄托。有的同学认为在手机里可以找到安全感、归属感和爱;也有同学不想玩手机,但是控制不了自己,在手机上消耗了大量的时间和精力,最后却什么收获也没有。你可能也有这样的感觉,玩的时候挺好,放下手机的那一刻,其实内心非常空虚。还有的同学把手机当成排解无聊的工具等。第二,站在父母的角度考虑,你独自一人在外求学,又是家中独子,父母年纪越大,越希望回家后你能多花点时间陪伴他们。父母不想看到你天天沉迷于手机什么事情也不做,还影响身体健康。

作为一名大学生,我们应该合理规划假期生活,加强时间管理,做一些更有意义更有价值的事,这样也许更能帮助你改善目前的烦恼。建议你尽可能保持一个平和的心态,与父母做进一步沟通。

(心理老师 欧阳娟)

延伸阅读

一、中国心理学家及其观点

2016年9月13日上午,中国学生发展核心素养研究成果发布会在北京师范大学举行。中国学生发展核心素养以培养"全面发展的人"为核心,分为文化基础、自主发展、社会参与三个方面,综合表现为人文底蕴、科学精神、学会学习、健康生活、责任担当、实践创新六大素养,如图11-1所示各素养之间相互联系、互相补充、相互促进,在不同情境中整体发挥作用。为方便实践应用,将六大素养进一步细化为 18 个基本要点,并对其主要表现进行了描述。

图 11-1 中国学生发展核心素养

(一) 文化基础

1. 人文底蕴

1) 人文积淀:具有古今中外人文领域基本知识和成果的积累;能理解和掌握人文思想中所蕴含的认识方法和实践方法等。

2) 人文情怀:具有以人为本的意识,尊重、维护人的尊严和价值;能关切人的生存、发展和幸福等。

3) 审美情趣:具有艺术知识、技能与方法的积累;能理解和尊重文化艺术的多样性,具有发现、感知、欣赏、评价美的意识和基本能力;具有健康的审美价值取向;具有艺术表达和创意表现的兴趣和意识,能在生活中拓展和升华美等。

2. 科学精神

1) 理性思维:崇尚真知,能理解和掌握基本的科学原理和方法;尊重事实和证据,有实证意识和严谨的求知态度;逻辑清晰,能运用科学的思维方式认识事物、解决问题、指导行为等。

2) 批判质疑:具有问题意识;能独立思考、独立判断;思维缜密,能多角度、辩证地分析问题,做出选择和决定等。

3) 勇于探究:具有好奇心和想象力;能不畏困难,有坚持不懈的探索精神;能大胆尝试,积极寻求有效的问题解决方法等。

(二) 自主发展

1. 学会学习

1) 乐学善学:能正确认识和理解学习的价值,具有积极的学习态度和浓厚的学习兴趣；能养成良好的学习习惯，掌握适合自身的学习方法；能自主学习，具有终身学习的意识和能力等。

2）勤于反思：具有对自己的学习状态进行审视的意识和习惯，善于总结经验；能够根据不同情境和自身实际，选择或调整学习策略和方法等。

3）信息意识：能自觉、有效地获取、评估、鉴别、使用信息；具有数字化生存能力，主动适应"互联网+"等社会信息化发展趋势；具有网络伦理道德与信息安全意识等。

2. 健康生活

1）珍爱生命：理解生命意义和人生价值；具有安全意识与自我保护能力；掌握适合自身的运动方法和技能，养成健康文明的行为习惯和生活方式等。

2）健全人格：具有积极的心理品质，自信自爱，坚韧乐观；有自制力，能调节和管理自己的情绪，具有抗挫折能力等。

3）自我管理：能正确认识与评估自我；依据自身个性和潜质选择适合的发展方向；合理分配和使用时间与精力；具有达成目标的持续行动力等。

（三）社会参与

1. 责任担当

1）社会责任：自尊自律，文明礼貌，诚信友善，宽和待人；孝亲敬长，有感恩之心；热心公益和志愿服务，敬业奉献，具有团队意识和互助精神；能主动作为，履职尽责，对自我和他人负责；能明辨是非，具有规则与法治意识，积极履行公民义务，理性行使公民权利；崇尚自由平等，能维护社会公平正义；热爱并尊重自然，具有绿色生活方式和可持续发展理念及行动等。

2）国家认同：具有国家意识，了解国情历史，认同国民身份，能自觉捍卫国家主权、尊严和利益；具有文化自信，尊重中华民族的优秀文明成果，能传播弘扬中华优秀传统文化和社会主义先进文化；了解中国共产党的历史和光荣传统，具有热爱党、拥护党的意识和行动；理解、接受并自觉践行社会主义核心价值观，具有中国特色社会主义共同理想，有为实现中华民族伟大复兴中国梦而不懈奋斗的信念和行动。

3）国际理解：具有全球意识和开放的心态，了解人类文明进程和世界发展动态；能尊重世界多元文化的多样性和差异性，积极参与跨文化交流；关注人类面临的全球性挑战，理解人类命运共同体的内涵与价值等。

2. 实践创新

1）劳动意识：尊重劳动，具有积极的劳动态度和良好的劳动习惯；具有动手操作能力，掌握一定的劳动技能；在主动参加的家务劳动、生产劳动、公益活动和社会实践中，具有改进和创新劳动方式、提高劳动效率的意识；具有通过诚实合法劳动创造成功生活的意识和行动等。

2）问题解决：善于发现和提出问题，有解决问题的兴趣和热情；能依据特定情境和具体条件，选择制订合理的解决方案；具有在复杂环境中行动的能力等。

3）技术运用：理解技术与人类文明的有机联系，具有学习掌握技术的兴趣和意愿；具有工程思维，能将创意和方案转化为有形物品或对已有物品进行改进与优化等。

二、影片赏析

1. 中国影片：《无双》

《无双》是由庄文强执导的犯罪动作电影，由周润发、郭富城、张静初、冯文娟领衔主演，廖启智、周家怡、王耀庆联合主演，于 2018 年 9 月 30 日上映。

影片讲述了以代号"画家"为首的犯罪团伙，掌握了制造伪钞技术，难辨真伪，并在全球进行交易获取利益，引起警方高度重视。然而"画家"和其他成员的身份一直成谜，警方的破案进度遭受到了前所未有的挑战。在关键时刻，擅长绘画的李问打开了破案的突破口，而"画家"的真实身份却让众人意想不到。影片获第 38 届香港电影金像奖最佳电影、最佳导演、最佳编剧等奖项。

2. 外国影片：《楚门的世界》

《楚门的世界》由彼得·威尔执导，金·凯瑞、劳拉·琳妮、诺亚·艾默里奇、艾德·哈里斯等联袂主演。

该片于 1998 年 6 月 1 日在美国上映。30 年前奥姆尼康电视制作公司收养了一名婴儿，他们刻意培养他使其成为全球最受欢迎的纪实性肥皂剧《楚门的世界》中的主人公，公司因此取得了巨大的成功。然而这一切却只有一人全然不知，他就是该剧的唯一主角——楚门。楚门从小到大一直生活在一座叫桃源岛的小城（实际上是一座巨大的摄影棚），他是这座小城里的一家保险公司的经纪人，楚门看上去似乎过着与常人完全相同的生活，但他却不知道生活中的每一秒钟都有上千部摄像机在对着他，每时每刻全世界都在注视着他，更不知道身边包括妻子和朋友在内的所有人都是《楚门的世界》的演员。最终楚门不惜一切代价走出了这个虚拟的世界。

该片获得了第 71 届奥斯卡金像奖最佳原创剧本奖提名；金·凯瑞凭借此片获得了第 56 届美国金球奖最佳男主角奖。

三、书籍推荐

《美的历程》（李泽厚著）

中国现代美学著作《美的历程》是由哲学家、美学家李泽厚先生撰写，其美学特色是现代哲学观念与传统文化精神的融合。他以注重主体性实践哲学，崇尚"人化"的"主体性与社会性相统一"的美学观在当代中国的美学界占有重要的学术地位。

《美的历程》一书所要揭示的正是可以使人们直接感触到中华民族的心灵的历史。艺术永恒性的魅力，不单在它的认识价值，而主要在于它能把时间凝冻起来，成为一个永久的现在。李泽厚的这些美学观点，极大地影响了今日人们的文学史和艺术史研究。作者以简洁有力、极为浓缩的文笔，旁征博引，娓娓而谈，引领读者通过仔细阅读和深入思考而走入金碧辉煌的美学宫殿。

人类的心理结构是否正是一种历史积淀的产物呢，也许正是它蕴藏了艺术作品的永恒性的秘密。书中提到，人性不应是先验主宰的神性，也不能是官能满足的兽性，它是感性中有理性，个体中有社会，知觉情感中有想象和理解，也可以说，它积淀了理性的感性，积淀了想象、理解的感情和知觉，也就是积淀了内容的形式，它在审美心理上是某种待发现的数学结构方程。美作为感性与理性，形式与内容，真与善，合规律性与合目的性的统一，与人性一样，是人类历史的伟大成果。俱往矣，但美的历程却是指向未来的。

参考文献

[1] 中华人民共和国教育部. 全面提升教材建设科学化水平, 教育部召开首届全国教材工作会议 [EB/OL]. (2020-09-23)[2020-09-23]. http://www.moe.gov.cn/jyb_xwfb/gzdt_gzdt/moe_1485/202009/t20200923_490144.html.

[2] 教育部关于印发《高等学校课程思政建设指导纲要》的通知 [EB/OL]. (2020-06-01)[2020-06-01]. http://www.moe.gov.cn/srcsite/A08/s7056/202006/t20200603_462437.html.

[3] 中华人民共和国教育部. 国务院关于《中国教育改革和发展纲要》的实施意见 [EB/OL]. (1994-07-03)[1994-07-03]. http://www.moe.gov.cn/jyb_sjzl/moe_177/tnull_2483.html.

[4] 中华人民共和国教育部. 提高认识狠抓落实大力推进大学生心理健康教育工作 [EB/OL]. (2004-09-14)[2004-09-14]. http://www.moe.gov.cn/jyb_xwfb/gzdt_gzdt/moe_1485/tnull_1222.html.

[5] 新华社. 中共中央办公厅、国务院办公厅关于实施中华优秀传统文化传承发展工程的意见 [EB/OL]. (2017-01-25)[2017-01-25]. http://www.gov.cn/zhengce/2017-01/25/content_5163472.htm.

[6] 冯友兰. 中国哲学简史 [M]. 北京: 生活.读书.新知三联书店, 2009.

[7] 高觉敷. 中国心理学史 [M]. 北京: 人民教育出版社, 2009.

[8] 冯天瑜. 明清文化史散论 [M]. 武汉: 湖北人民出版社. 2018.

[9] 石中英. 教育哲学导论 [M]. 北京: 北京师范大学出版社, 2001: 213.

[10] 石中英. 教育哲学 [M]. 北京: 北京师范大学出版社, 2007.

[11] 张传燧. 课程与教学论 [M]. 北京: 人民教育出版社, 2018.

[12] 张传燧. 中国教育史 [M]. 北京: 高等教育出版社. 2015.

[13] 叶浩生. 西方心理学的历史与体系 [M]. 北京: 人民教育出版社, 1998.

[14] 杜威. 民主主义与教育 [M]. 北京: 人民教育出版社, 2019.

[15] 黄甫全. 现代课程与教学论学程 [M]. 北京: 人民教育出版社, 2006.

[16] 顾明远. 教育大辞典 [M]. 上海: 上海教育出版社, 1998.

[17] 张华. 课程与教学论 [M]. 上海: 上海教育出版社, 2017.

[18] 洪汉鼎. 诠释学——它的历史和当代发展 [M]. 北京: 人民出版社, 2001.

[19] 贾德. 苏菲的世界 [M]. 萧宝森, 译. 北京: 作家出版社, 1996.

[20] 张楚廷. 课程与教育哲学 [M]. 北京: 人民教育出版社, 2015.

[21] 钱穆. 中国文化史导论 [M]. 北京: 商务印书馆, 1994.

[22] 林崇德. 21世纪学生发展核心素养研究 [M]. 北京: 北京师范大学出版社, 2016.

[23] 刘铁芳. 什么是好的教育——学校教育的哲学阐释 [M]. 北京: 高等教育出版社, 2014.

[24] 石鸥. 教科书评论 [M]. 北京: 首都师范大学出版社, 2014.

[25] 曾天山. 教材论 [M]. 南昌: 江西教育出版社, 1994.

[26] 熊承涤. 中国古代学校教材研究 [M]. 北京: 人民教育出版社, 1996.

[27] 吴洪成. 中国学校教材史 [M]. 重庆: 西南师范大学出版社, 1998.

[28] 喻本伐，熊贤君. 中国教育发展史［M］. 武汉：华中师范大学出版社，1991.

[29] 李正良. 传播学原理［M］. 北京：中国传媒大学出版社，2007.

[30] 郭念锋. 国家职业资格培训教程 心理咨询师［M］. 北京：民族出版社，2005.

[31] 钱铭怡. 心理咨询与心理治疗［M］. 北京：北京大学出版社，2001.

[32] 王文锦. 大学中庸译注［M］. 北京：中华书局，2008.

[33] 杨伯峻. 孟子译注［M］. 北京：中华书局，2008.

[34] 朱熹. 四书章句集注［M］. 北京：中华书局，2011.

[35] 胡凯. 大学生心理健康教育教程［M］. 长沙：湖南人民出版社，2015.

[36] 韩光道，王玉洁，高涛. 心理健康教育［M］. 广州：广东教育出版社，2019.

[37] 李斌. 高职大学生心理健康教育［M］. 北京：高等教育出版社，2014.

[38] 张放平. 发生在心灵花园中的故事——大学生心理危机干预案例集［M］. 长沙：湖南人民出版社，2011.

[39] 夏智伦. 高校心理健康教育操作实务［M］. 北京：高等教育出版社，2013.

[40] 冯铁蕾. 大学生心理学原理与应用［M］. 北京：中国计量出版社，2010.

[41] 杨蕴萍. 心理与健康［M］. 北京：中央广播电视大学出版社，2014.

[42] 李明，张新梅，常素芳. 大学生心理健康教育［M］. 北京：清华大学出版社，2018.

[43] 江光荣. 心理咨询与治疗［M］. 修订版. 合肥：安徽人民出版社，2003.

[44] 蔡伟华. 高职大学生心理健康教育［M］. 广州：中山大学出版社，2013.

[45] 邱鸿钟. 大学生心理健康教育［M］. 广州：广东高等教育出版社，2004.

[46] 中国就业培训技术指导中心，中国心理卫生协会. 国家职业资格培训教程心理咨询师［M］. 北京：民族出版社，2005.

[47] 侯前伟，张增田. 论教科书评价的基本内涵［J］. 教育研究，2017，38（12）：76–80.

[48] 张增田，郭煜琪. 论教科书评价的主体性特征［J］. 广西师范学院学报（哲学社会科学版），2018，39（4）：4.

[49] 侯前伟. 教科书通用评价系统CIR–FS的研制与评估［J］. 全球教育展望，2019，48（11）：25.

[50] 侯前伟，张增田. 教科书中"知识建构"质量的评价标准设计［J］. 湖南师范大学教育科学学报，2019，（5）：45–54.

[51] 刘振天，杨雅文. 重建教学与人类知识史的结合——创新目标下的高校教科书改革［J］. 高等教育研究，2003，24（3）：5.

[52] 柳士彬. 教学认识论批判［J］. 青岛大学师范学院学报，2009，26（3）：5–11.

[53] 刘爱华，刘晓林. 面向核心素养的职业教育课程模式创新［J］. 教育与职业，2019（13）：6.

[54] 张传燧，刘爱华. 核心素养"落地"图景——基于解释学的视角［J］. 当代教育论坛，2018（1）：6.

[55] 刘爱华. 论线上教学资源的主体性及提质路径［J］. 机械职业教育，2021（6）：4.

[56] 刘爱华. 重大疫情应对背景下高校思想政治教育内容拓展研究——生命教育·科学精神·公民教育［J］. 机械职业教育，2021（4）：4.

[57] 刘爱华. 高校心理危机干预机制建设刍议［J］. 当代教育理论与实践，2016，8（010）：158–160.

[58] 刘爱华. 明清教材"孝"文本的传播逻辑［J］. 出版广角，2020（15）：3.

[59] 刘爱华. 明清时期学校教材研究——基于文本的考察［D］. 湖南师范大学，2020.

[60] 罗绮科. 高职院校《大学生心理健康教育》课程教学的建构主义意蕴 [J]. 高教论坛, 2013, 000 (005): 110-112.

[61] 覃干超. 加强高校心理健康教育课程建设的探索与实践 [J]. 高教论坛, 2008 (4): 3.

[62] 李翔飞, 王坚, 朱晓玲, 等. 走出大学生生命教育的多重困境——生命教育与传统文化的有机融合 [J]. 教育学术月刊, 2017 (4): 59-66.

[63] 刘庆昌. 人文底蕴与科学精神——基于《中国学生发展核心素养》的思考 [J]. 教育发展研究, 2017 (04): 41-47.

[64] 刘龙伏. 科学精神涵义辨析 [J]. 江汉论坛, 2003 (12): 5.

[65] 吴希, 谢均才. 新世纪以来全球公民教育的国际经验与启示 [J]. 上海教育科研, 2019 (7): 5.

[66] 核心素养研究课题组. 中国学生发展核心素养 [J]. 中国教育学刊, 2016, 000 (010): 1-3.

[67] 黄甫全. 大课程论初探——兼论课程 (论) 与教学 (论) 的关系 [J]. 课程·教材·教法, 2000, 000 (005): 1-7.

[68] 邵朝友. 学科素养的国际理解及启示 [J]. 福建教育, 2016 (36): 1.

[69] 江怡. 哲学通识教育的现状, 挑战和出路 [J]. 2021 (2017-1): 23-26.

[70] 曹婧, 刘铁芳. 个体发展与公民生长: 公民教育的实践逻辑研究 [J]. 高等教育研究, 2014 (11): 1.

[71] 王新生. 当今中国的哲学创新与哲学教育 [J]. 2021 (2017-1): 27-30.

[72] 陈波. 漫谈哲学教育 [J]. 中国大学教学, 2014 (2): 7.

[73] 孙名之. 埃里克森的自我同一性述评 [J]. 湖南师范大学社会科学学报, 1984 (4): 88-93.

[74] 郝贵生. 对"学习"本质的哲学思考 [J]. 河南科技大学学报 (社会科学版), 2004 (3): 34-39.

[75] 苏兴仁, 周兴维. 学习的本质: 教育学的视角 [J]. 西南民族大学学报: 人文社科版, 2006 (11): 3.

[76] 刘道玉. 论学习的本质特征与目的 [J]. 课程·教材·教法, 2017 (3): 4-11.

[77] 宋宁娜. 论学习的本质、方式及目的 [J]. 教育研究与实验, 2007 (3): 6.

[78] 刘范. 中国的发展心理学 [J]. 心理学报, 1982 (1): 1-10.